Salvador Dalí

DALÍ

后浪出版公司

达利

[英]克里斯托弗·马斯特斯 著

丛谚 译

CNS | 湖南美术出版社

全国百佳图书出版单位

图书在版编目（CIP）数据

达利 /（英）克里斯托弗·马斯特斯著；丛谚译 . ——
长沙 : 湖南美术出版社 , 2020.12
ISBN 978—7—5356—9333—4

Ⅰ . ①达⋯ Ⅱ . ①克⋯ ②丛⋯ Ⅲ . ①达利（Dali,
Salvador 1904—1989）– 生平事迹 Ⅳ . ① K837.125.72

中国版本图书馆 CIP 数据核字 (2020) 第 193374 号

达 利
DALI

出 版 人：黄　啸
著　　者：［英］克里斯托弗·马斯特斯
译　　者：丛　谚
出版策划：后浪出版公司
出版统筹：吴兴元
编辑统筹：杨建国
特约编辑：朱明逸
责任编辑：贺澧沙
营销推广：ONEBOOK
装帧制造：墨白空间·张　萌
出版发行：湖南美术出版社（长沙市东二环一段 622 号）
　　　　　后浪出版公司
印　　刷：北京盛通印刷股份有限公司
　　　　　（亦庄经济技术开发区科创五街经海三路 18 号）
开　　本：635×985　　1/8
字　　数：170 千字
印　　张：16
版　　次：2020 年 12 月第 1 版
印　　次：2020 年 12 月第 1 次印刷
书　　号：ISBN 978—7—5356—9333—4
定　　价：68.00 元

读者服务：reader@hinabook.com 188—1142—1266
投稿服务：onebook@hinabook.com 133—6631—2326
直销服务：buy@hinabook.com 133—6657—3072
网上订购：https://hinabook.tmall.com/（天猫官方直营店）

达利

    时至今日，西班牙画家萨尔瓦多·达利（Salvador Dalí）仍然是20世纪最受世人争议且富有矛盾性的艺术家之一。他以精湛的绘画技艺，运用传统的幻觉主义风格创作出令人不安的图像，其中充斥着暴力、死亡、同类相食以及诡异的交配行为。在20世纪20年代晚期和30年代，达利与超现实主义画派（Surrealism）被联系在一起。超现实主义画派是当时最具革命性的艺术流派，在20年代大部分时间中，他们专注于躬身践行他们坚持的所谓"自动主义"（automatism），即在不受主观意识控制的情况下进行写作或绘画，以求摆脱理性的约束。达利本人却对自动主义并不倾心，他在进行绘画创作时总是非常审慎。尽管如此，他的作品中仍随处可见他本人天马行空般超凡脱俗的想象力，以至于超现实主义画派的领袖安德烈·布勒东（André Breton）在1929年评价达利时承认："也许只有达利，才能让意识世界的窗户向世人完全敞开。"在30年代的大部分时间里，达利对超现实主义画派的思想理论和实践活动均产生了深远的影响。然而，到了40年代初，彼时已被称作"超现实主义教皇"的安德烈·布勒东将达利从超现实主义阵营中驱逐出去，并讥嘲他在美国取得的商业成功，讽刺他是"美金狂"。对于这种挖苦，达利本人在1940年的回击同样简单粗暴。他说："我和超现实主义画派的区别就在于，我是一个超现实主义者。"而事实上，达利也开始表现出对罗马天主教的认同，甚至还创作了一些画作，例如1937年的《希特勒之谜》（*The Enigma of Hitler*，图31）。在这幅画中，他对崛起中的纳粹主义似乎持有极其暧昧的态度。

    虽然达利指涉希特勒的作品的创作期仅限于20世纪30年代，但他对宗教意象的兴趣在战后逐渐加深，并在1951年的《圣十字若望的基督》达到了巅峰（彩色图版40）。这幅画源于16世纪西班牙神秘主义者所作的一幅素描画，画中的基督被悬挂在天空中的十字架上。这幅画向我们生动地展示出达利的作品如何能做到在被批评家贬损后还以不菲的价格卖出，并且还勾起了民众的巨大兴趣。这幅画被格拉斯哥艺术画廊（Glasgow Art Gallery）收购之后，却被一个心怀敌意的观展者砍坏，而这通常是那些极富重要文化意义或极度臭名昭著的作品才会"享有"的待遇。抛开画作本身的悲惨遭遇不谈，最重要的是这幅作品证实了达利对自己西班牙天主教思想根源的坚守。的确，对于达利绘画生涯中显而易见的种种矛盾，我们可以通过剖析他早年的生活来理解，那时的他受到了西班牙传统价值观与激进的现代观念相互抗争的影响。

    萨尔瓦多·达利·多梅内克（Salvador Dalí i Domenech），于1904年5月11日出生于加泰罗尼亚（Catalonia）的菲格拉斯市（Figueras）。他的父亲是一个信奉共和主义无神论的法律公证人，母亲则是一个虔诚的天主教徒。尽管二者的意识形态天差地别，但是他俩却对萨尔瓦多·达利的出生持一致的看法：达利是他们一年前早夭的、名字也叫萨尔瓦多的大儿子转世而来的。达利在自传《萨尔瓦多·达利难以言

图1

艺术家的父亲和妹妹

1925 年；
铅笔素描；
49cm×33cm；
加泰罗尼亚艺术博物馆，
巴塞罗那

说的自白》(*The Unspeakable Confessions of Salvador Dalí*) 中，生动地描述了父母的这种观念给他的创伤和影响："我学会了在父母那种所爱非我的畸形爱意的夹缝中求生存，我首先要用骄傲与自恋的自我麻痹来克服亡兄的心理阴影。"从这个角度来看，尽管达利的父母事实上对达利也极为宠爱，但二人对于他早夭的哥哥的执念却给达利带来了永远的心灵创伤。话虽如此，这并不意味着对于达利在《萨尔瓦多·达利难以言说的自白》或是其两本早期自传《萨尔瓦多·达利的秘密生活》(*The Secret Life of Salvador Dalí*) 和《一个天才的日记》(*Diary of a Genius*) 里的叙述，人们就该完全相信。在《萨尔瓦多·达利的秘密生活》里，达利甚至专门设置了一个章节，用以记叙他自己所谓的"虚假"记忆。据《萨尔瓦多·达利难以言说的自白》透露，达利的自传性口述是被朋友安德烈·帕里诺 (Ardré Parinaud) 记录下来的，帕里诺将其称为"一部达利式小说"(a Dalinian novel)。虽然达利在书中提及的某些回忆明显纯属虚构而非事实，但是作为理解其思想的手段，尤其对于探究他神秘化自己人生的方式来说，这些内容仍然是格外珍贵的。对于一个希望借人生之初的经历来诠释自己作品的艺术家来说，达利的童年无疑为他提供了一片充满创造性的肥沃土壤。值得庆幸的是，达利的妹妹安娜·玛利亚 (Ana Maria) 所写的回忆录让我们看到了对达利早年生活的另一种描述——尽管达利自认为他的童年生活被大量创伤所困扰，但在他妹妹的笔下，达利却度过了一个快乐、安稳的童年。

达利一家除了在菲格拉斯有一套舒适的宅院，他们在达利父亲的出生地卡达克斯 (Cadaqués) 的布拉瓦海岸 (Costa Brava) 也拥有一处房产。夏天时，达利全家常去那里度假。卡达克斯得天独厚的地理环境仿佛是为达利这种具有强烈审美意识的人度身打造的一般，艺术家们也常常造访这里，包括巴勃罗·毕加索 (Pablo Picasso)——他在 1910 年就与皮乔特 (Pichot) 家族一起居住在那里。皮乔特家族与达利的父亲相处得也不错，对于小达利的艺术天赋，他们也是最早的重要鼓励者。1916 年，年仅 12 岁的达利在菲格拉斯郊外与佩皮托·皮乔特 (Pepito Pichot) 共度了几个星期，并被他的弟弟拉蒙·皮乔特 (Ramon Pichot，1872—1925 年) 的作品深深吸引。拉蒙·皮乔特是一位知名艺术家，常年居住在巴黎和卡达克斯，其作品风格以对印象派和点彩派的兼收并蓄见长。拉蒙是达利的第一个重要榜样，他对达利的影响可以在诸如《拉斐尔式脖颈的自画像》(彩色图版 1) 等作品的色彩方案中寻得端倪。1916 年，皮乔特还说服达利参加了由学院派画家胡安·努涅斯 (Juan Núñez) 在菲格拉斯市立绘画学校 (Municipal Drawing School) 举办的绘画培训班。

不难想见，达利对于艺术的学习要比对其他学科的学习坚持得更久。1908 年，达利被送进了当地的州立幼儿园，正式开启了他的学生生涯。正如他所描述的那样，"我身边围绕着的都是镇上最贫穷的孩子，我认为这就是我自然而然养成狂妄自大倾向尤为重要的原因之一"。然而，幼儿园的经历对达利并没有任何价值，因此，达利的父亲——一名无神论者——在 1910 年将他转学到一所私立天主教小学，但这似乎也没有对达利的学业产生什么正面的影响。直到 1916 年达利升入中学时，他的成绩才开始好转，并且事实上比他后来承认的成绩还要好一些。尽管如此，达利对绘画艺术一直都要远远比对学业更感兴趣。1914 年，他根据 19 世纪西班牙艺术家曼努埃尔·贝内迪托（Manuel Benedito）的一件作品创作了一幅油画，其中展示了他年少时期对学院派绘画风格的欣赏，而这种风格将在技法上影响他的整个职业生涯，甚至在他的创作题材发生剧变之后，这一影响在其画作中仍可觅得踪迹。在 1916 年至 1922 年的中学时代，达利主要是受到了印象派（Impressionism）的影响，他们捕捉光线和色彩瞬间状态的能力影响了达利这一时期创作的许多风景画。除了绘画，达利于 1920 年开始写小说和诗歌，其中一首诗在 1919 年得以出版。同年，他还参与了在菲格拉斯市举办的一次群展，并收获了很好的反响。

正当达利的艺术生涯开始蓬勃发展时，他却在 1921 年因母亲患癌去世而备受打击。四年后，达利的父亲与达利的姨妈狄塔（Tieta）结婚了——事实上，他俩很可能在达利母亲去世之前就已经有了婚外情。这类事件似乎给达利造成了心灵创伤，也增加了他对父亲的憎恨。记忆尤为深刻的他后来在诸如《威廉·退尔之谜》（彩色图版 20）等作品中隐晦地表达了这种情绪。达利把艺术当作事业的决心直接挑战了父亲在家中说一不二的权威地位，不过父亲最终也尊重了儿子的选择。作为回报，达利愿意在马德里美术学院（School of Fine Arts in Madrid）接受正规训练，并且父亲希望他可以在那儿考取教师从业资格。也正是在马德里，达利遇见了诗人费德里科·加西亚·洛尔卡（Federico García Lorca）和电影导演路易斯·布努埃尔（Luis Buñuel）。不久之后，达利的职业艺术之路开始偏离预期轨道。1922 年，在达利来马德里尚不足一年时，他就因组织一场小规模学生骚乱的罪名而被勒令停学。1926 年，他宣布老师不具备评判其作品的能力而当即就被学校开除。对于达利的父亲来说，这还不是最不幸的——与达利之后十年的举动相比，他在学校里的这种行为也只能算是稍微有点出格而已。

在达利看来，就算被学校开除了也没有什么大不了的。后来，当他回忆这段时光时，他认为学校在学院派传统方面并没有给予他足够的培训。与此同时，达利开始意识到，正在崛起的诸如立体主义（Cubism）之类的先锋派，已经让他和同学们参照的印象主义范例完全过时。立体主义摒弃了传统的幻觉主义表现手法，转而采用一种由扁平化的色块构成的自主性图像语言。虽然立体主义对达利的影响在他的《自画像与〈广告报〉》（彩色图版 2）中颇为明显，但是他的《艺术家的父亲和妹妹》（图 1）中流畅的线条仍体现出强烈的学院派风格，让人不禁联想到法国艺术家让-奥古斯特-多米尼克·安格尔（Jean-Auguste-Dominique Ingres，1780—1867 年）。很明显，此时的达利已经展现出将保守主义和激进主义进行奇巧结合的特质，而这将是他整个艺术生涯的特色。尽管那个时候他对法国先锋派的发展了解不多，但他可以接触到《新精神》（L'Esprist nouvean）杂志，这是当时纯粹主义（Purism）艺术运动的喉舌，其领导人之一正是后来以"建筑师勒·柯布西耶"（Le Corbusier）而闻名的夏尔-爱德华·让纳雷（Charles-Édouard Jeanneret，1887—1965 年）。纯粹主义画派

图 2
纯粹主义静物画

1924 年；
布面油彩；
100cm×100cm；
加拉-萨尔瓦多·达利基金会，菲格拉斯

图 3
面包篮子

1926 年；
木板油彩；
31.5cm×32cm；
萨尔瓦多·达利博物馆，佛罗里达州圣彼得斯堡

图 4

费德里科·加西亚·洛尔卡的肖像画

约 1923 年；
布面油彩；
74.6cm×52cm；
加拉-萨尔瓦多·达利基金会，菲格拉斯

认为自己是立体主义的进阶版，致力于毫无歪曲地分析作品主题的形式特质。从达利 1924 年的《纯粹主义静物画》（图 2）中就能看出纯粹主义对达利的影响。对于西班牙艺术风格，达利也一直不遗余力地传承和发扬。两年后，他又创作了另一幅静物画《面包篮子》（图 3），其中引人入胜地展示出诸如迭戈·委拉斯开兹（Diego Velázquez，1599—1660 年）等西班牙画家对达利的影响。

达利在这一时期中最为知名的作品大都是在夏季的卡达克斯完成的，这里一直是他的艺术灵感宝库。布拉瓦海岸边特殊的岩石形态后来启发达利在《伟大的自慰者》（彩色图版 15）中画出巨型沉睡头颅的形象。他为妹妹安娜·玛丽亚创作的一系列田园风格的作品也是以卡达克斯为背景的（彩色图版 5 和 6）。当时，古典主义风格在整个欧洲再度兴起，甚至连毕加索等先锋艺术家也不能免俗。在达利为安娜·玛利亚创作的肖像画中，也能看出加泰罗尼亚画家华金·苏涅尔（Joaquim Sunyer）和其他新世纪主义（Noucentisme）[1]画家作品的影子，而这些画家甚至早在第一次世界大战爆发之前就开始创作地中海题材的古典情色绘画了。然而，在创作于 1926 年的、风格怪异的《岩石上的人物》（彩色图版 7）中，达利过去那种强烈的美感被削弱了。画中的安娜·玛丽亚被蓄意刻画成粗俗的形象，这显然是受当时毕加索最新作品的影响。那时达利刚在初次造访巴黎时与他碰过头，在此次邂逅之前，达利就已经在《维纳斯与水手（向萨尔瓦特-帕帕塞特致敬）》（彩色图版 4）中展示出他对毕加索画风的演化有了大致的了解——巴塞罗那的达尔茂画廊（Dalmau Gallery）曾在 1925 年展出过这幅画。这幅画中不协调的构图与毫不隐晦的情色意味，与一同展出的优雅端庄的安娜·玛丽亚肖像画形成了鲜明对比。

正如一位评论家所说，达利该时期的作品极其丰富多彩，他无疑企图充分利用"爆炸性悖论"（explosive paradox）来吸引大众的眼球。这一点在达尔茂画廊于 1927 年举办的第二次达利作品展中表现得尤为明显，其中包括《有三个人物的构图（新立体主义学派）[*Composition with Three Figures（Neocubist Academy）*，私人藏集]。这幅作品借鉴了文艺复兴时期的肖像画象征手法，同时又折射出立体主义风格以及毕加索的同时代女性人物油画对达利的影响。画面中央的男性被解读为殉道者圣塞巴斯蒂安（Saint Sebastian），而达利斗胆将自己比作这位殉道者。也有人说，殉道者下方的石膏人像是达利和诗人洛尔卡的结合体。彼时，他俩的关系非常密切，经常一起待在卡达克斯。两人的合作项目包括洛尔卡于 1927 年在巴塞罗那执导的戏剧《玛丽安娜·皮内达》（*Mariana Pineda*），剧中的布景和服装设计都出自达利之手。洛尔卡鼓励达利进行立体主义实验，并且身体力行地为达利的一幅早期立体主义肖像画充当了模特（图 4）。除了这些大胆的"艺术冒险"，洛尔卡在 1926 年的《萨尔瓦多·达利之颂歌》（*Ode to Salvador Dalí*）中写道："闪耀着炫目光芒的并不是艺术，而是爱情、友谊和圣十字剑。"然而，到了 20 年代末，当达利走上日益激进的超现实主义创新道路时，洛尔卡的感同身受之情也随之消减。

1　西班牙在 20 世纪初发生的一场文化运动。——编者注

图 5
**电影《一条安达鲁狗》
的片场**

1929 年；
照片
从左到右：萨尔瓦多·达
利、路易斯·布努埃尔、
西蒙·马瑞尔（女主角）、
珍妮·卢卡斯（布努埃尔
夫人）和皮埃尔·巴彻夫
（男主角）

尽管达利在 1929 年才正式加入超现实主义阵营，但是他受超现实主义影响的痕迹在之前两年中就已经有所显露。《装置与手》（彩色图版 9）包含了一系列含义非常暧昧不明的几何形状和有机形态[1]，这必定是受超现实主义画家伊夫·唐吉（Yves Tanguy，1900—1955 年）和胡安·米罗（Joan Miró，1893—1983 年）的影响。的确，达利曾蜻蜓点水地实验过许多超现实主义艺术家的手法，譬如马克斯·恩斯特（Max Ernst，1891—1976 年）和让·阿尔普（Jean Arp，1887—1966 年），最终才形成了自己独一无二的风格。尽管存在这些相似性，但是达利最初却刻意与超现实主义保持距离。他的作品虽然怪诞，但却稳稳地以真实世界中的实物为基础，而早期超现实主义则严重依赖于自动主义，并致力于利用达利于 1927 年描述的"朦胧潜意识的心理过程"（murky subconscious processes）。到了 20 年代后期，超现实主义者对自动主义的强调实际上正在减弱，正如布勒东在 1928 年出版的《超现实主义与绘画》（*Surrealism and Painting*）一书中所述。这就促使达利开始考虑向超现实主义运动靠拢的可能性。此时，他对超现实主义的认同感可以通过揣摩《光谱牛》（彩色图版 11）中的意象而得知，而这件作品很明显衍生自布勒东的一段文字。

虽然达利作品中的超现实主义倾向愈发明显，但非常明确的是，如果他真的想要加入这场运动，就必须去巴黎。然而，达利 1929 年 4 月的巴黎之行实际上是为了另外一个目的，即拍摄《一条安达鲁狗》（*Un Chien andalou*）——这是他与同乡布努埃尔（图 5）合作的一部电影。那时，达利着迷于电影制作的诗歌化可能性已经有一段时间了，并在加泰罗尼亚的评论杂志《艺术之友》（*The Friend of the Arts*）上屡次发表相关主题的文章。达利对运用诸如蒙太奇等电影技术尤其感兴趣——这种技术可以实现不同图像的快速过渡。他在自己的某些作品中也制造了类似的效果，如 1928 年的《小灰烬》（彩色图版 10），其中占据画面主体的巨大躯干如同被抓拍到了其从一种形态变为另一种

1　指文艺作品所具有的、如有机体一样的内在结构，由英国诗人、文艺理论家柯勒律治提出。——编者注

图 6
莱雅·赖斯和雕像

1930 年；
电影《黄金时代》剧照

形态的瞬间。然而，正如《一条安达鲁狗》所展示的，电影从这方面来说是一种比绘画更加灵活的创作媒介，更适合于表现达利愈发青睐的那种带有挑衅性的意象。达利不仅为创造那个"用刀片切开一只眼睛"的著名场景提供了灵感，而且电影中出现的几头腐烂的驴子（图21）也要归功于达利，尽管他对制作这部电影的实际贡献很有限。布努埃尔在自传中这样写道："达利在电影杀青前几天来到片场，他的大部分时间都花在往毛绒驴道具的眼睛里灌蜡上。"无疑，达利非常喜欢"腐烂的驴子"这个特殊母题，他不仅已经让它出现在各种油画中，如 1928 年的《腐烂的驴子》（*Rotting Donkey*，私人藏集），而且甚至在电影《一条安达鲁狗》的制作后期还抱怨说"这部电影至少还需要 6 头腐烂的驴子才够"。尽管他持有这样的保留意见，但是 1929 年 10 月这部电影公开上映后大获成功。达利和布努埃尔趁热打铁，再度合作拍摄了一部恶名远扬的电影《黄金时代》（图 6）。这部电影的投资人诺瓦耶子爵（Vicomte de Noailles）也是达利早期最重要的赞助人之一。布努埃尔对电影的贡献程度要多于达利，但遗憾的是，就在电影即将完成时两人的关系迅速恶化，并且两人余生都没能和解。

达利除了在 1929 年春天与布努埃尔在巴黎进行合作，还通过他的加泰罗尼亚同乡米罗结识了各色的超现实主义领军画家以及艺术商卡米耶·戈曼（Camille Goemans）。戈曼答应达利等到秋天会帮他举办一个画展。所以，达利便在夏天返回了卡达克斯，满怀热情地为画展创作作品，并在那里接待了布努埃尔和一群来自巴黎的新朋友，其中不仅有超现实主义诗人保罗·艾吕雅（Paul Éluard），而且更重要的是还有他的妻子加拉（Gala）。达利在《萨尔瓦多·达利的秘密生活》一书中描述了他是如何与加拉在米拉玛旅馆初次相识的——在那里，达利与加拉及其丈夫饮酒交谈。接着第二天，他就被加拉那"令人神魂颠倒的脊背"迷住了，她让达利想起他婴儿时期保姆的脊背。达利对女性背部的迷恋已经在以他妹妹为主题的画作（彩色图版 5 和 6）中进行了探索。用达利的话说，加拉的背影是"健美与娇弱并存，紧实与柔软同在，充满了女性魅力而又富有青春活力"。1935 年，达利以加拉的背部为主题创作了一幅令人印象深刻的肖像画（彩色图版 24）。尽管达利对加拉热情有加，他俩的关系起初却并不是一帆风顺的。虽然他们从一开始就彼此倾心，但仍存在难以克服的重重阻碍。加拉有夫之妇的身份倒不是最大的障碍——她的丈夫艾吕雅在 9 月刚回到巴黎时，对自己妻子与达利的私情表现出异常宽容的态度，就像之前他对加拉与德国超现实主义画家恩斯特的关系表现出的宽容一样。为表示感激，达利那年就以艾吕雅为模特创作了自己的第一幅超现实主义风格的肖像画。虽然达利绝不走寻常路、带有挑衅性的性格增强了他的人格魅力，但也给他带来了种种麻烦。即便思想开放的加拉，也对达利于 1929 年夏天创作的重要作品《沉闷的运动》（图 7）中大胡子男人内裤和腿上的粪便感到十分反感。所幸，达利说服了加拉，使她相信这张古怪的画与他自己的性癖好无关。加拉坚韧又前卫的性格无疑让达利又爱又怕，但总体来说，达利仍认为自己和加拉是同一类人，他后来更是把加拉奉为"我的无上至理，我的如影随形，我的举世无双"。

随着达利与加拉的风流韵事愈演愈烈，各种形式的性神经症状也让他深受折磨。除了对自慰行为备感内疚，阳痿的恐惧也困扰着达利，这种恐惧在他开始第一段完全投入的性关系时尤为强烈。他在《伟大的自慰者》（彩色图版 15）和《沉闷的运动》中都表达出类似的担忧。在《沉闷的运动》中，画面左边长着巨大右手的塑像羞耻地蒙住了面部，这表达出达利认为自慰可耻的情绪。右下角的男人则拿着一个滴着血的包袱，这代表着最可怕的惩罚——阉割。画面中央，飘浮着达利沉睡的脑袋，四周环绕着梦境般神秘莫测的意象。

在这类作品中，达利的象征手法是刻意要让人们从弗洛伊德的精神分析（Freudian psychoanalysis）角度来对作品进行解读。这是当时知识分子们所追赶的思想潮流，超现实主义画派及其赞助人对此更是趋之若鹜。在马德里念书的时候，达利首次接触到弗洛伊德的《梦的解析》（*The Interpretation of Dreams*），书中的理论主导了他在 20 世纪 20 年代后期和 30 年代的大部分作品。这种影响可见于某些特定的图形，比如狮子——在弗洛伊德学说中，它是暴力、激情和权威的象征，而在《欲望的和解》（图 8）中它就被描绘成最富有戏剧张力的形象。达利经常会在画中安排明显的线索来引导人们了解某一特定图像的意义，例如，在《被点亮的欢愉》（彩色图版 14）中有一颗女性的头颅，达利给它添上把手后变成了一个罐子，而这指涉了弗洛伊德关于"梦中出现的容器代表着女性"的观点。画中的其他图形，比如粘

图 7

沉闷的运动

1929 年；
布面油彩及拼贴；
41cm×31cm；
私人藏集

11

图 8（右）
欲望的和解

1929 年；
纸板油彩及拼贴；
22cm×35cm；
私人藏集

图 9（对页）
神圣之心

1929 年；
布面墨水；
68.3cm×50.1cm；
蓬皮杜中心国立现代艺术
博物馆，巴黎

在达利嘴上的蚱蜢——这在《伟大的自慰者》（彩色图版 15）中也出现过——则更多的是会让人联想到达利个人的童年恐惧。其作品中的自传性元素在《春日之初》（彩色图版 13）中尤为明显，达利痴迷的各种神秘意象——包括蚱蜢——都环绕在他的童年照片周围。

　　1929 年底，戈曼画廊终于展出了达利这一系列画作中的 11 件，这实际上也标志着达利正式被超现实主义画派所接纳。虽然超现实主义画派对《沉闷的运动》中出现的排泄物还有保留意见，但展览画册里由安德烈·布勒东写的序言依旧对这些作品赞不绝口。从那时起，达利与超现实主义画派便紧密地联系在一起。然而，达利与父亲的关系却开始急剧恶化，并在 1929 年圣诞节期间降到了冰点。当年 11 月的展览中有一幅油画，达利在上面写了"有时我会很开心地朝我母亲的画像上吐口水"这句话（图 9），因而被父亲赶出了菲格拉斯的家门。对于父亲的暴怒，达利起初的反应是满怀羞愤地剃光了脑袋，并将头发埋在卡达克斯的海滩上。他还把自己与父亲之间的矛盾与威廉·退尔的传说联系起来——威廉·退尔是一位瑞士的弓箭手，被人强迫击射 200 步开外儿子头上的一颗苹果。对于达利而言，这个神话象征着儿子被父亲阉割的恐惧，也促使他以威廉·退尔为主题创作了几幅油画，尽管作品的内容与传说无关。在《威廉·退尔》（图 10）这幅画中，唯一能辨认出的威廉·退尔影射面目可憎父亲形象的线索就是他腿上贴的一个标签，而他手上武器的本质倒是直接明了——很明显，武器的进攻目标就是他儿子的男性特征。

　　除了创作以威廉·退尔为主题的作品，达利还根据法国现实主义画家让-弗朗索瓦·米勒（Jean-François Millet，1814—1875 年）的《晚钟》（图 26）改编了一系列作品。按照达利的说法，画中一对农民夫妻在黄昏的田野中祈祷，这个看似富有情感的景象实际上充满了被压抑的暴力和性欲望。达利宣称，画中这个女人看起来虽然是一副虔诚的模样，但实际上她正准备毁灭她的同伴，而以弗洛伊德的理论来解读的话，这名同伴理应同时代表着她的情人和儿子。这种解读方式展现了达利关于"偏执狂临界状态"（paranoia-criticism）的新技法。他尽管从 1929 年末就开始开发这个技巧，但是直到 1933 年才正式使用这个术语。用达利的话来说，"偏执狂临界状态"是在"解释性评论"（interpretive-critical）和"精神错乱现象"（delirious phenomena）

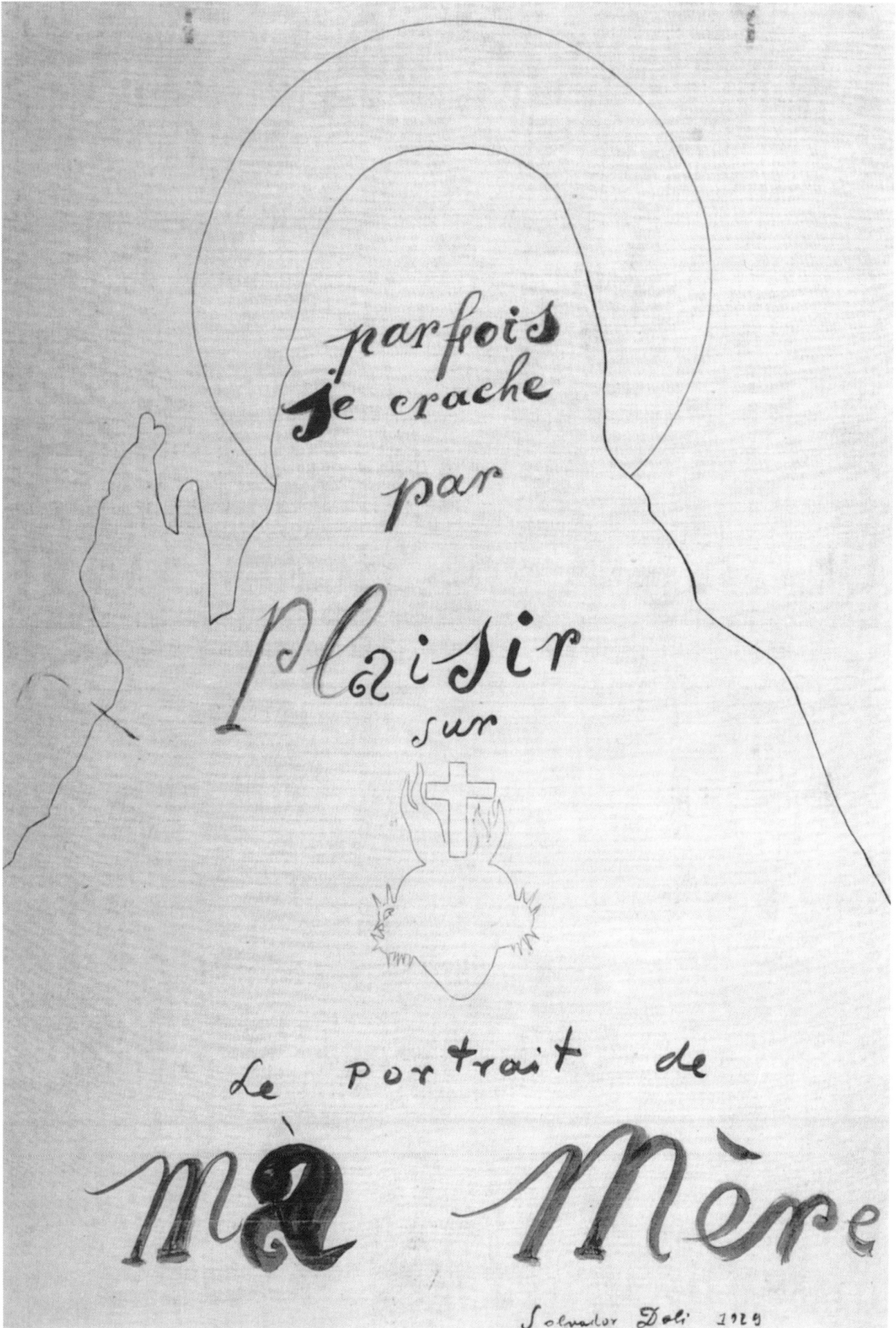

parfois
je crache
par

plaisir
sur

le portrait de

ma Mère

Salvador Dalí 1929

图10
威廉·退尔

1930 年；
布面油彩及拼贴；
113cm×87cm；
私人藏集

相结合的基础上产生的非理性认识。米勒的《晚钟》无疑为达利关于"偏执狂临界状态"的经历提供了丰富素材，而达利在 1932 年看到这幅画时就已对画中的邪恶意味有所察觉。1938 年，达利在《米勒〈晚钟〉之悲剧神话》（*The Tragic Myth of Millet's Angelus*）一书中，详细描述了这一连串诡异的"直觉"，不过这书直到 1963 年才出版。值得一提的重要事件是，达利在看到一幅画樱桃的彩色版画的一角时，他立刻联想到了《晚钟》，并在脑海中萌生出令人十分困扰的幻象。根据达利自己的解释，他之所以把樱桃和《晚钟》中的人物联系到一起，并不是因为视觉上的相似性，而是基于色情象征主义。不过，他还把画中农妇佝偻的身形描绘得像一只正在祷告的雌性螳螂——这种昆虫会在交配后吃掉自己的配偶。在达利写完这本书后，人们拍摄了对《晚钟》的 X 光片，而达利宣称他对这幅画病态意味的解读在这些 X 光片中得到证实：X 光片中有一个黑色物体的显影，达利认为这代表画家原本想在这里为画中人物的儿子安置的一口棺材。虽然这本有关米勒《晚钟》的书直到达利职业生涯后期才得以出版，但他对《晚钟》的精心钻研已经反映在其 20 世纪 30 年代的作品中。他发现，《晚钟》中一双人物的形态与布列塔尼的巨型纪念碑之间存在相似性，而这促使他在 1933 年创作出《米勒〈晚钟〉的建筑版》（*Architectonic Angelus of Millet*，现存于马德里索菲亚王后国家艺术中心博物馆），画中那对农民夫妇的形象被两块巨大的人形岩石代替。在 1933 年至 1934 年间，达利为《马尔多罗之歌》（*The Songs of Maldoror*）一书画的插图中也反复出现《晚钟》的影子，这本书的作者洛特雷阿蒙伯爵（Comte de Lautréamont）[1]是超现实主义画派最喜欢的作家之一。甚至，达利还由《晚钟》的性含义联想到他和加拉的关系，并以此创作了多幅有加拉形象和微缩版《晚钟》的作品，其中一个尤其诡异的例子是《加拉与米勒的〈晚钟〉，在锥形变形物即将到来之前》（彩色图版 21）。

达利的"偏执狂临界状态"和疯子的思维模式之间存在着惊人的相似性，而这种相似性绝非偶然。达利青年时期居住在卡达克斯时，一位名叫莉迪亚·诺格斯（Lydia Nogues）的农妇对他产生了深远的影响。她是一个疯狂迷恋艺术评论家欧亨尼奥·德·奥尔斯（Eugenio d'Ors）的受害者。当奥尔斯还是一名学生时，曾在她家住过。在那之后，她再也没有见过他。尽管如此，她仍不遗余力地收集奥尔斯的文章，并坚信其中包含"只写给她一个人"的秘密信息。达利自己亲口说过："对于如何让一堆谵妄思想保持惊人的连贯性，并将其系统化，除了我，没有人比她更在行了。"因此，她能被达利冠以"疯魔教母"（god-mother to my madness）的头衔，也就不足为奇。当然，达利所表现出的精神错乱在一定程度上可以说是仿造虚伪的，正如他自己所述："我和疯子的唯一区别就是我没有真的疯掉。"模拟心理失调状态（the stimulation of psychological disorders）是超现实主义者经常使用的一种技巧，布勒东作为领袖对此表现出了极大的兴趣。起初，他是"偏执狂临界状态"的狂热支持者，宣称"偏执狂临界状态"可以应用到广泛的艺术创作活动中，包括绘画、诗歌和电影，"甚至如有必

1　法国诗人，对超现实主义影响至深。——编者注

图 11

沉睡的隐形女人、马匹和狮子……

1930 年；
布面油彩；
50.2cm×65.2cm；
蓬皮杜中心国立现代艺术博物馆, 巴黎

要的话，还可以应用于各种诠释"。然而，最终我们发现，达利最为关心的还是它在绘画领域中的应用，尤其是它可以被用来为达利专长的双重图像（double images）作辩护，这种艺术形式能让一个图像被同时解读为多个物体。达利宣称，他是凭借天马行空的想象力在不同物体之间建立的相似性才创作出这些作品的。它们可以算作他的"偏执狂临界状态"创作方法的实例。在 1929 年至 1933 年间，达利在《隐形人》（彩色图版 16）中对双重图像进行了最早的全面尝试，并在 1930 年的《沉睡的隐形女人、马匹和狮子……》（图 11）中进一步深化了这种技术——如这个标题所示，在一定程度上，单一的图像不仅可以代表两种物体，而且还同时具有多重含义。

尽管这些作品让人耳目一新，但也可以理解为什么布勒东后来批评达利"只是在搭建填字游戏"。这并不是说，"偏执狂临界状态"从来没有超越创造视觉骗术的高度，从著名肖像作品《偏执狂临界状态的城市郊外：欧洲历史边缘的午后》（彩色图版 27）就可以看出这一点——这幅画实际上并不包含任何真正的双重图像。达利最非凡的"偏执狂临界状态"作品是 1937 年的《变形水仙花》（彩色图版 30），其复杂的视觉联想片段还搭配了一首值得注意的、关于同一主题的诗歌。同年，达利还制作了《天鹅映象》（图 12）。这幅画的吸引力在于其视觉效果而非幻想形象，因此也可以理解为什么布勒东会在 1941 年评价达利的作品"从 1936 年开始就与超现实主义泾渭分明了"。

虽然达利的某些"偏执狂临界状态"风格的油画作品确实并未实现超现实主义的预期目标，但他也的确引领了"超现实主义物品"的创作风潮。对于这类作品而言，世俗之物被达利从原生环境中抽离，以新奇的方式组合在一起，共同创造出一个新的超现实。对于日常物品的再创造，马塞尔·杜尚（Marcel Duchamp，1887—1968 年）早就有所预见——在第一次世界大战期间，身在美国的杜尚用现成的小便池和铲子创造出"现成品艺术"。然而，达利的目标是创造出更强劲有力的物品，以求表达出创作者情色的想象和无意识的欲望。1931

图12

天鹅映象

1937年；
布面油彩；
51cm×77cm；
私人藏集

年，达利在《为革命服务的超现实主义》(*Surrealism in the Service of the Revolution*)杂志上的一篇文章中首次阐明了他的观点，文中他对6种超现实主义物体进行了定义，并附上了多位超现实主义领军人物作品范例的照片。达利的许多作品都是在力求表现那些也在其油画中出现过的执念之物，比如《龙虾电话》(彩色图版26)就把达利最喜欢的两种物品——龙虾和电话——并置在一起。

电话的体积很小，而且易于收藏，但同时达利也创造了一些更大型的物品，不过它们的寿命很短暂，只存在于展览期间。1938年，在巴黎举办的第二届国际超现实主义展览上展出的《雨中的出租车》(*Rainy Taxi*)，就是一个尤其令人作呕但却十分有效的范例。在这个装置作品中，出租车的车顶上有个洞，水顺着洞流到"一个躺在地衣之中的维纳斯身上，而一个怪物正在开车"。这件作品与达利在展厅另一处安装的巨嘴鸟人体模型以及其他超现实主义者装扮的假人形成了完美互补。两年前，在伦敦举办的第一届国际超现实主义作品展也曾让达利的超现实主义作品获得露脸的机会。然而，在伦敦的那场展览上，达利让人印象最深的是他穿着潜水服发表的演讲——这是为了象征"失去意识"的状态，而他几乎要窒息在潜水服里。观众们没有意识到事态的严重性，而当达利终于从他的服装中解脱出来时，人群为这部达利式的独角戏大获成功而疯狂鼓掌——在他们看来，这显然代表了意识试图领会潜意识的一种尝试。达利在《萨尔瓦多·达利难以言说的自白》一书中自嘲道："为了这次胜利，我几乎牺牲了自己。"

根据达利自己的记述，这次"死里逃生"给他带来的"焦虑感"因另一个更具影响力的事件——西班牙内战——加重了，在这场战争中他永远地失去了老朋友洛尔卡。甚至在战争爆发之前，达利就已在具有纪念意义的《熟豆的软结构，内战的预兆》（彩色图版 28）中表现出西班牙自我毁灭的天性。不久之后，达利又创作了《秋天的人吃人》（彩色图版 29）。虽然这些画作表达的是达利因祖国战火纷飞而内心痛苦的感受，但他借用的手段却是在画面中将战争描绘成一种"自然历史现象"——在这种现象中，怪物会勒死或吞噬自己。面对法西斯主义的崛起，达利并不愿采取一种反对它的坚定政治立场，而这种模棱两可的态度导致他与其他超现实主义者之间的关系日益恶化——他们都支持共产主义革命。早在 1934 年，达利就曾被召唤去参加一个会议，他在会上被指出"有反革命以及美化希特勒法西斯主义的行为"。他的罪行还涉及《威廉·退尔之谜》（彩色图版 20）这幅油画，画中代表列宁的人物有一个巨大的臀部，由拐杖支撑着，这个意象被认为是对领导人的不敬。在这次会议上，达利发誓自己不是法西斯主义者，才侥幸没有被超现实运动除名。这次事件还有一个花絮：达利当时正在发烧，而且由于长期患有疑病症，他在被审问期间一直坚持把体温计含在嘴里。在整个过程中，他一件件地脱掉外衣，最后用它们在地上铺成厚厚的地毯，并跪在上面宣誓。后来，他针对此次事件评论道："我把这个荒诞的场面转化成了真正的超现实主义，布勒东才不可能原谅我呢。"

达利对超现实主义一派的政治抱负向来缺乏认同感，这一点也因他被卷入了 20 世纪 30 年代共产主义和超现实主义之间的激烈辩论而加剧。1931 年，达利在《为革命服务的超现实主义》中发表的一篇文章无意间导致布勒东及其旧友路易·阿拉贡（Louis Aragon）关系破裂。对于这种情况，达利深感厌恶。这些文章以自慰作为灵感来源，让共产主义者感觉自己被冒犯了，于是打算通过阿拉贡来压制这些文章。这一次，布勒东实际上是站在达利这一边的——他反对这种假正经的谴责。可是，达利很不爽自己的艺术自由被政治所裹挟，也因此很快与布勒东之间产生了不可调和的矛盾。此外，达利的好朋友、超现实主义作家勒内·克勒韦尔（René Crevel）于 1935 年自杀，原因是因为他未能调和超现实主义画家与更正统的国际革命作家和艺术家协会旗下共产主义艺术家之间的矛盾。

在经历了这样的创痛之后，达利与超现实主义运动在 20 世纪 30 年代末彻底分道扬镳，当时这次"分手"对他来说却无关痛痒。正如他为了成名而在 1929 年来到巴黎一样，后来达利把注意力转向了美国。在美国，他不仅得到了名声，还收获了财富，可谓名利双收。当他于 1934 年第一次来到纽约时，纽约现代艺术博物馆（Museum of Modern Art）已经收购了他的一幅画作，即大名鼎鼎的《记忆的永恒》（彩色图版 19）。因此，当达利初次出现在纽约时，他立即被曼哈顿市民当作名人来对待。在之后的十年中，他数次造访纽约，并为纽约第五大道上时髦的邦威特·特勒（Bonwit-Teller）高端女装店设计了展示橱窗。1939 年，他又为世界博览会设计了一个展馆，这是一场融合了商业、设计和科技的展览。为了这个项目，达利提议在一个巨大的水箱中装满一系列奇异物品，这些物品与该装置作品的名字"金星之梦"（图 30）几乎没有一点关联。但遗憾的是，展览会的主办方

图13

微粒圣母

1952 年；
纸面铅笔、乌贼墨水和
印度墨水；
55.6cm×43.2cm；
艺术博物馆，阿拉巴马州
伯明翰

无法接受桑德罗·波提切利（Sandro Botticelli，约 1445—1510 年）的《维纳斯的诞生》（*The Birth of Venus*）在展馆外墙上以一个鱼头的形态出现。为此，达利宣告退出该项目，并立刻在一本名为《想象的独立宣言与自我疯狂的人权宣言》（*Declaration of the Independence of the Imagination and of the Rights of Man to his own Madness*）的小册子中为自己的创意辩护。这样富有争议性的事件自然而然地让他在美国的知名度不减反增，这一点在他于 1940 年为躲避第二次世界大战而搬到美国时格外明显。

在美国的 8 年时光为达利在各方面大显身手提供了巨大的发展空间。1941 年，达利在纽约现代艺术博物馆举办了一场重要的回顾展览。另外，他还参与了几部芭蕾舞剧的制作，包括第一部"偏执狂的"芭蕾舞剧《疯狂的特里斯坦》（*Mad Tristan*）。达利甚至还为两部好莱坞电影进行了创作：一部是阿尔弗雷德·希区柯克的《爱德华大夫》（*Spellbound*），在这部电影里，达利创造了一个令人难忘的梦幻片段；另一部是迪斯尼的动画片《命运》（*Destino*），但遗憾的是这部电影后来不了了之。他在这个时期的高速创作还表现在他同时完成了两本书，《萨尔瓦多·达利的秘密生活》和他唯一写完的小说《隐藏的面孔》（*Hidden Faces*），后者写的是二战时一群法国贵族经历的一个哀婉故事，尽管其做作古板的风格并没有得到普遍认可，但该小说切实表达出身在社会动荡时期的达利自己的所思所感。

尽管这些狂热的活动搞得风生水起，但它们并没有耽误达利的绘画事业，幸运的是他还有一个腰缠万贯的大客户。此时，达利的绘画生涯进入了一个新阶段，成为一名上流社会的肖像画家。诸如《伊莎贝尔·施泰勒-塔斯夫人的肖像》（彩色图版37）这样的作品，证明了一种能在运用偏执狂临界状态的双重图像时明确指涉早期绘画大师作品的手法。一方面，达利一直很重视19世纪学院派艺术家的技巧，他们的幻觉艺术非常适用于他自己的超现实主义绘画——表现其精神错乱的"手工着色照片"（hand-coloured photographs）。另一方面，在二战期间，达利重拾意大利文艺复兴时期的艺术风格，并为之注入新的活力——这些作品中和谐的几何构图和宗教意象在他后来的诸多作品中也反复出现。他对意大利艺术的热忱无疑受到了战争爆发前夕几次意大利之旅的激励，不过，达利将自己日益依赖的传统视为对当时社会中恐怖情绪的一种防御机制。正如他自己描述的那样："我周遭弥漫着分崩瓦解的气氛，这促使我进入到忘记周遭世界的创作状态，以专一的激情去打磨我的艺术作品，而这也是我的艺术目标之一。"

尽管达利希望对正在折磨欧洲的战乱视而不见，但如果人们认为他对古典主义艺术的创新只是在逃避现实，那就大错特错了。因为他对文艺复兴时期宗教艺术中灵性的兴趣，总是和他对最新科学发现的理解交织在一起。1945年，第一颗原子弹的投掷展现了核物理学的发展，而这对达利产生了深远的影响，并随即体现在其战后创作的作品中。在达利看来，核裂变的发现具有形而上的深远意义，于是他将这个新发现与他对天主教义正在萌生的兴趣结合起来。在《第一幅利加特港圣母像习作》（彩色图版39）中，他将圣母和圣婴的意象分割成多个部分，试图以此粗浅的比喻来体现物质的可分割性。除了对原子粒子感兴趣，在20世纪50年代，达利还逐渐痴迷于被称为"对数螺旋"的数学形态，并宣称它体现出整个自然界中一系列物体的基本结构，尤其是犀牛角。在《萨尔瓦多·达利难以言说的自白》一书中，达利描述了1955年他在卢浮宫中假装临摹荷兰艺术家扬·维米尔（Jan Vermeer，1632—1675年）的《蕾丝女工》（*The Lacemaker*）时画的一对犀牛角。这不仅惊呆了博物馆的管理员们，而且让他自己也感到意外。同年晚些时候，他才最终意识到，维米尔的《蕾丝女工》和犀牛角有着相似的对数结构。后来在巴黎大学的一次演讲中，达利将这个发现公之于众，并赢得了观众的满堂喝彩。事实上，达利对犀牛和"站在他鼻尖上的公鸡"早就抱有热忱。《微粒圣母》（图13）和1951年的《爆炸的拉斐尔式头像》（*Exploding Raphaelesque Head*，私人藏集）都包含了小型犀牛角的形状。在后者中，这些形状组成的物体既像是圣母的头颅，又像是罗马万神庙的圆顶。

在1958年的《西斯廷圣母像》（*Sistine Madonna*，私人藏集）中，达利再次将拉斐尔式的意象和偏执狂临界状态结合在一起。根据观者距离的远近，这幅画可以同时被解读为刻画了一只耳朵或是仿照了意大利文艺复兴画家拉斐尔的一幅作品。像《爆炸的拉斐尔式头像》一样，这幅画中的意象也是用相对较小的形状构建而成的，以作为物质和反物质结构的隐喻；在《西斯廷圣母像》中，这些形状仅仅是一些点。这幅画的外观效果与美国波普艺术家罗伊·利希滕斯坦（Roy Lichtenstein）的作品有相似之处。在《身披荣光的委拉斯开兹描绘玛格丽特公主的浮光掠影》（彩色图版45）中，人们可以更直观地感

图14

"我疯了？我当然比
买这本书的人理智。"

1954 年；
达利的照片；
摘自《达利的胡子：摄影
专访》

受到达利作品与当代先锋艺术的相似性，这件作品显然受到诸如杰克逊·波洛克（Jackson Pollock，1912—1956 年）等美国抽象表现主义画家那种充满活力和表现力的笔触的影响。这幅《西斯廷圣母像》尽管借鉴了现代主义艺术，但仍特意向达利继承的西班牙传统绘画风格致敬，而这一风格主导了达利在二战结束后的很多作品。达利的爱国主义并没让他与其他超现实主义画家和解。早在 1941 年，这些人就谴责达利重新对"西班牙、忏悔、天主教和古典主义"进行再开发。的确，达利的民族主义被最邪恶的法西斯主义玷污了。譬如，当毕加索严词拒绝回到佛朗哥将军（General Franco）统治下的西班牙时，达利却在 1948 年搬回了卡达克斯海湾的利加特港（Port Lligat）。他在那里有一栋 20 年前从莉迪亚·诺格斯手中买下的房子。在那里，他成了佛朗哥将军的拥趸。1956 年，达利与佛朗哥将军会面后，又在 1964 年获得西班牙最高荣誉之一——天主教徒伊莎贝拉大十字勋章（Grand Cross of Isabella the Catholic）。1974 年，他甚至为佛朗哥将军的外孙女卡门·博尔迪乌–佛朗哥（Carmen Bordiu-Franco）画了一幅骑马肖像。

从超现实主义者的角度来看，达利的另一个主要罪过是他肆无忌惮的商业化行为，不过这无疑倒是契合了他的古典主义风格。例如，1952 年，他将《圣十字若望的基督》（彩色图版 40）卖给格拉斯哥艺术画廊，售价超过 8000 英镑。虽然这个高得离谱的价格在当时备受诟病，但在收购后的第 6 年，画廊方面就宣称他们已经通过销售参观门票和复制品收回了成本。如果连画廊都能通过展出达利的作品而获得巨额利润，那么商业公司会饥渴地攫取他的作品也就不足为奇了。基于达利为珠宝、挂毯和其他奢侈品做的设计，一整条全新的产业链应运而生，而出版社则用丰厚的佣金请他为图书和杂志创作插画。达利以前那些颠覆传统的艺术作品甚至受到了各国政府及官方机构的追捧。例如，1966 年，为了纪念联合国成立 20 周年，他创作了一个包含若干树干的意象，树干上长的是手而非树枝，它们牢牢地紧握彼此。当然，联合国并不是唯一利用达利才华来打广告的机构。早在二战期间，达利艺术事业的这个分支就在美国搞得风生水起，当时的他重新将自己超现实主义时期的"软表"意象用作各式各样的目的，包括给一个袜子品牌打广告。在艺术生涯后期，他甚至亲自出演电视广告。比如，在 1970 年的一条广告中，他扮演的角色一边翻白眼，一边说出广告词："我疯了，我彻底疯了……因为朗万巧克力！"

达利的"疯狂天才"人设无疑成了他营销自己的重要标签，通过一次又一次的媒体采访和滑稽搞笑的《达利的胡子：摄影采访》（Dalí's Mustache: A Photographic Interview）一书，他一丝不苟地建立起这一形象，后者是他于 1954 年与摄影师菲利普·哈尔斯曼（Philippe Halsman）合著的。1973 年，英国电视台的节目制作人罗素·哈蒂（Russel Harty）为达利量身定制了一档综艺娱乐节目。哈蒂后来回忆拍摄这档节目时，不断提及达利那些古怪的习惯，包括他与两只豹猫的关系。在饱受达利长期摧残的动物伙伴中，它们就是其中的两只。正如哈蒂所说，"当它们经过时，达利从不会浪费把它们扔进游泳池的机会，而两只猫似乎并不喜欢被这样玩弄"。然而，即便是虐待动

图15

佩皮尼昂火车站

1965 年；
布面油彩；
295cm×406cm；
路德维希博物馆，科隆

物这样出格的行为，也不是达利最为热衷的乐趣。哈蒂补充道："金钱才是达利思想中的重中之重。他从不吝惜大声高喊对黄金、美元、支票、英镑、比塞塔[1]的热爱，但他出门不会携带一分钱，就像女王一样。"

达利浮夸卖弄的风格在利加特港其住宅的装潢上就体现得淋漓尽致。那里有一个花园，据说原型是他的一幅作品。哈蒂描述道："成排的倍耐力（Pirelli）轮胎标牌会在晚上亮起灯光，还有一个紫罗兰色的沙发，造型像极了玛丽莲·梦露的嘴唇……有面墙上垂下一根绳子来，轻轻拉动它，勃拉姆斯的摇篮曲就会从一个隐藏的音乐盒中缓缓响起。"哈蒂的记述中还提到了各种各样的嬉皮士和从海湾码头的游艇上下来的、光鲜时髦至极的希腊人——他去拜访达利时，这些人都在场。此外，达利的身边还经常围绕着年轻漂亮的姑娘。对于达利的调情与鬼混，妻子加拉保持了异常的容忍态度，并且无可争议地在处理达利其他大小事务时充当着总管的角色。达利晚年的女伴阿曼达·利尔（Amanda Lear）曾写道，加拉是"他的一切——经纪人、经理人、厨师、秘书、护士和司机——多么虔诚啊，我暗自佩服"。然而，对加拉的其他评述并没有这样恭维，至少对于让一位曾经伟大的艺术家变得商业化这一事实，加拉应负有部分责任。

尽管与达利相关的产业规模浩大，从 20 世纪 60 年代到 70 年代，这位艺术家仍然有足够的时间创作一些意义深远的油画作品，其中某些作品探索了既有的创作主题。例如，1965 年的《佩皮尼昂火车站》（图 15）指涉了达利对米勒的《晚钟》的痴迷，同时也表达出他的信条：佩皮尼昂火车站是"遵循宇宙绝对价值观的实验室"[2]——这个结论是他发现该区域采用了公制计量单位之后而得出的[3]。达利还在《迷

1　西班牙货币。——译者注

2　佩皮尼昂是位于法国最南端的城市，接壤西班牙，曾是加泰罗尼亚王国的一部分。达利曾在日记中称，他在佩皮尼昂火车站体验到了宗教的"狂喜"（ecstasy）状态，并称这个火车站是"宇宙的中心"。——编者注

3　达利于 1965 年前后曾在火车站的站台进行丈量和拍照，他将测量出的尺寸和列车线路的形状，与宗教意象和他的个人经历相联系，由此获得了某种"顿悟"。——编者注

幻斗牛士》（彩色图版48）中再次启用了偏执狂临界状态的双重图像这一老技法。随后，他的兴趣又被光学设备所吸引。20 世纪 70 年代，他创作了一些实验性的立体油画（stereoscopic painting），例如 1978 年的《加拉的基督》（The Christ of Gala，收藏于科隆路德维希博物馆）。对于这幅作品，观者要透过一面立体透镜同时观看两幅几乎一模一样的油画，以求形成一个三维图像。达利认为，这个观看程序具有近乎于精神性的意义：双眼视觉效果是超验物理知觉的三位一体；右眼中的圣父、左眼中的圣子、大脑中的圣灵——火之语言的奇迹——三者合一后由发光的虚像变成的、不可摧毁的纯粹精神就是圣灵。达利还制作了全息图像，并于 1972 年在纽约的克内德勒画廊（Knoedler Gallery）进行了首次展出。从作品特性上来讲，达利并没有寻求用这种技术来模拟日常生活的现实，就像《全息！全息！委拉斯开兹！伽柏！》（图 16）[1] 这幅作品所呈现的，一张纸牌玩家的照片被叠加在委拉斯开兹的作品《宫娥》（Las Meninas，现存于马德里的普拉多博物馆）的碎片上。尽管达利热衷于技术创新这一点令人钦佩，但他的全息图像作品却备受指责，因为这种新媒介被认为仅仅是充当了陈旧矫饰主义（Mannerism）的一种载体，换汤不换药。

当时，达利最具野心的创作项目是于 1974 年在菲格拉斯旧剧院中落成的达利博物馆。他在该建筑典雅的古典外观基础之上，对在西班牙内战中毁损的剧院内部进行了改造，并在舞台区域上方建造了一个巨大的圆顶。之后，他收集了一批奇异的小玩意儿——它们都在相互争抢人们的注意力。比如，其中有一个以中国古代雕塑[2]为蓝本而制作的石棺，上面却覆盖着计算机电路（图 17）。正如达利本人的评价，"这活脱就是印有电路图案的帕科[3]连衣裙嘛，多么奢华！"有了这一系列壮观的艺术品撑腰，也难怪达利博物馆会继普拉多博物馆（Prado Museum）之后成为西班牙最受欢迎的博物馆。

1 该作品是达利的第一幅全息拼贴画。伽柏，物理学家，全息照相术的发明者。——编者注
2 应为汉代金缕玉衣殓服。——编者注
3 Paco Rabanne，法国高级时装品牌。——译者注

图16
全息！全息！委拉斯开兹！伽柏！

1972—1973 年；
全息图；
42cm×57cm；
加拉-萨尔瓦多·达利基金会，菲格拉斯

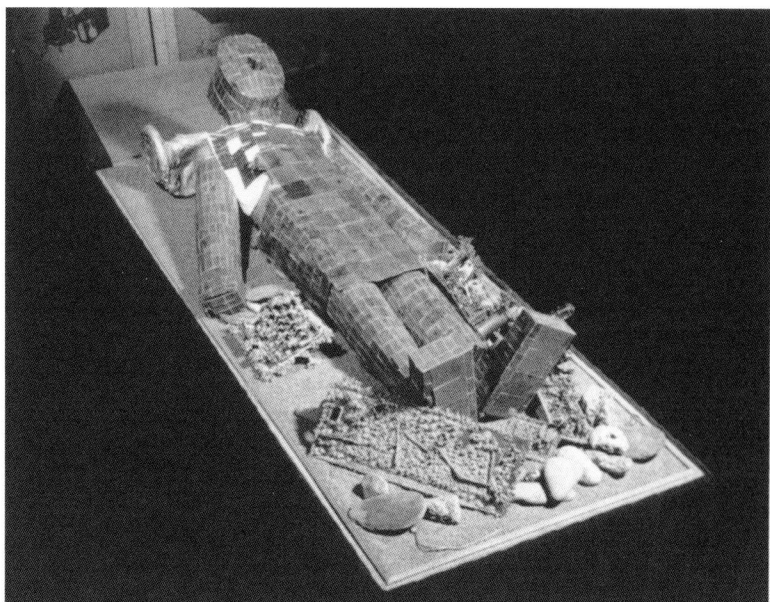

图17
控制论公主

1974 年；
计算机电路和组件，长
2 米；
加拉-萨尔瓦多·达利基
金会，菲格拉斯

在达利的一生中，他大部分时间都有着惊人的充沛精力，甚至有时将之用错了方向。然而，在 20 世纪 70 年代末，他的健康状况急转直下，而很多有他签名的作品的真实性引发的一系列纠纷也让他的困境雪上加霜。尽管这些事件都并没有让达利的个人名誉和巨额财富受到严重威胁，但这些争议也肯定让他感到十分焦虑。达利的低谷期的最低点是 1982 年妻子加拉去世时，在那之后达利隐居到了普波尔（Pubol）的城堡中，这处房产是他 15 年前为加拉买下的。在普波尔，他遭遇了一场终极的不幸灾祸：1984 年 8 月，达利的床因电路故障而起火，导致他的腿部被严重烧伤。5 年之后，由于并发的多种健康问题，达利终于撒手人寰了。

尽管世人对达利作品的评价褒贬不一，但毫无疑问，他在逝世之时仍然是世界上最著名的艺术家之一。当然，达利本人也是为自己成就摇旗呐喊声音最大的崇拜者之一。1973 年，当被问及他对自己在艺术史上的排名作何评价时，他的回答简单而直接："第一，当然是毋庸置疑的第一。"带着他一贯的乖戾，他又补充道："这倒不是因为达利有多么优秀，而是因为其他人实在是太烂了。"毫无疑问，达利如果得到的是一个更冷静、更客观的评价，他只会嗤之以鼻。在《萨尔瓦多·达利难以言说的自白》一书中，他声称"伟大艺术的标准是它能否产出与加拉眼中的淡褐色相媲美的对等物"，而这正是达利言论中极强个人主观色彩的一个最佳例证。然而，即使用更为传统的标准来衡量，达利也势必是现代艺术家中最活跃、最独特的一位。

生平简介

1904 年	5 月 11 日，达利出生在加泰罗尼亚省的菲格拉斯
1919 年	在菲格拉斯音乐会上首次展出作品
1922 年	进入马德里美术学院学习，在这里与费德里科·加西亚·洛尔卡和路易斯·布努埃尔相遇
1925 年	在巴塞罗那的达尔茂画廊举办首次个人画展
1926 年	被美术学院开除；访问巴黎，在那里结识毕加索
1927 年	在巴塞罗那为洛尔卡的戏剧《玛丽安娜·皮内达》（*Mariana Pineda*）设计布景和服装
1929 年	抵达巴黎，与布努埃尔一起拍摄《一条安达鲁狗》；11 月，在巴黎展出《沉闷的运动》（图 7），并加入超现实主义运动；开始创作其第一件双重图像的大型作品《隐形人》（彩色图版 16）
1930 年	撰写《可见的女人》
1934 年	侥幸免于被超现实主义小组驱逐；首次造访美国
1936 年	参加伦敦第一届国际超现实主义展览；在《熟豆的软结构，内战的预兆》（彩色图版 28）和《秋天的人吃人》（彩色图版 29）中反映西班牙日益恶化的政治局势
1938 年	撰写《米勒〈晚钟〉之悲剧神话》；为巴黎第二届国际超现实主义展览创作出《雨中的出租车》
1939 年	在纽约国际世界博览会组建"金星之梦"展馆，并出版《想象的独立宣言与自我疯狂的人权宣言》
1940 年	逃往美国
1941 年	完成自传《萨尔瓦多·达利的秘密生活》；在纽约现代艺术博物馆举办回顾展
1944 年	出版《隐藏的面孔》
1948 年	返回欧洲
1949 年	将《第一幅利加特港圣母像习作》（彩色图版 39）捐赠给教皇庇护十二世（Pope Pius XII）
1952 年	格拉斯哥美术馆以超过 8000 英镑的价格购买《圣十字若望的基督》（彩色图版 40）
1956 年	被佛朗哥将军接见
1964 年	被授予天主教徒伊莎贝拉大十字勋章
1972 年	在纽约克内德勒画廊举办全息画展览
1974 年	菲格拉斯的达利博物馆开馆
1979—1980 年	在巴黎蓬皮杜中心（Centre Georges Pompidou）的国立现代艺术博物馆举行大型作品回顾展
1984 年	在普波尔城堡的家中，因一场火灾而被严重烧伤
1989 年	1 月 23 日，达利在菲格拉斯去世，被埋葬在达利博物馆

部分参考文献

专著和展览图录

Salvador Dalí, exhibition catalogue, Goemans Gallery, Paris, 1929

Salvador Dalí, *La Femme visible*, Paris, 1930

Salvador Dalí, *The Conquest of the Irrational*, New York, 1935

Salvador Dalí, *The Metamorphosis of Narcissus*, New York, 1937

Salvador Dalí, *Declaration of the Independence of the Imagination and the Rights of Man to his own Madness*, New York, 1939

Salvador Dalí, exhibition catalogue, Museum of Modern Art, New York, 1941

Salvador Dalí, *The Secret Life of Salvador Dalí*, New York, 1942

Salvador Dalí, *Hidden Faces*, New York, 1944

Fleur Cowles, *The Case of Salvador Dalí*, London, 1959

Ana Maria Dalí, *Salvador Dalí vu parsa sœur*, Paris, 1960

Salvador Dalí, *Le Mythe tragique de l'Angelus de Millet: interpretation 'paranoiaque-critique'*, Paris, 1963

Salvador Dalí, *Diary of a Genius*, New York, 1965

Manifeste en hommage à Meissonier, exhibition catalogue, Hotel Meurice, Paris, 1967

Alain Bosquet, *Conversations with Dalí*, New York, 1969

Dalí, exhibition catalogue, Museum Boymans-van Beuningen, Rotterdam, 1970–1

Robert Descharnes, *The World of Salvador Dalí*, 2nd edition, New York, 1972

A Reynolds Morse, *Salvador Dalí: A Guide to his Works in Public Collections*, Cleveland, OH, 1973

Luis Romero, *Salvador Dalí*, Secaucus, NJ, 1975

Salvador Dalí, *The Unspeakable Confessions of Salvador Dalí*, London, 1976

Salvador Dalí: Retrospective, 1920–80, exhibition catalogue, Musée National d'Art Moderne, Centre Georges Pompidou, Paris, 1979–80

Salvador Dalí, exhibition catalogue, Tate Gallery, London, 1980

400 obras de Salvador Dalí de 1914 a 1983, exhibition catalogue, Museo Espanol de Arte Contemporaneo, Madrid and Palau Reial de Pedralbes, Barcelona, 1983

Robert Descharnes, *Salvador Dalí: The Work the Man*, New York, 1984

Amanda Lear, *My Life with Dalí*, London, 1985

Merle Secrest, *Salvador Dalí: The Surrealist Jester*, London, 1986

Dawn Ades, *Dalí*, 2nd edition, London, 1988

Salvador Dalí, 1904–89, exhibition catalogue, Staatsgalerie, Stuttgart and Kunsthaus, Zurich, 1989

A Reynolds Morse and Robert S Lubar (eds.), *Dalí: The Salvador Dalí Museum Collection*, Boston, New York, London and Toronto, 1991

Salvador Dalí and Philippe Halsman, *Dalí's Mustache: A Photographie Interview*, 2nd edition, Paris, 1994

Salvador Dalí: The Early Years, exhibition catalogue, Hayward Gallery, London; Metropolitan Museum of Art, New York; Museo Nacional Centro de Arte Reina Sofia, Madrid; Palau Robert, Barcelona, 1994–5

插图列表

彩色图版

1933 年；木板油彩；24cm×18.8cm；
加拿大国家美术馆，渥太华

22. 幻影马车
1933 年；布面油彩；16cm×20.3cm；
耶鲁大学美术馆，康涅狄格州纽黑文

23. 性感的幽灵
1934 年；布面油彩；18cm×14cm；
加拉-萨尔瓦多·达利基金会，菲格拉斯

24. 加拉肖像画
1935 年；布面油彩；32.4cm×26.7cm
现代艺术博物馆，纽约

25. 梅·韦斯特的嘴唇沙发
1936—1937 年；粉红色缎面木框架；高 86cm；
私人藏集，出借给维多利亚与阿尔伯特博物馆

26. 龙虾电话
1936 年；钢、石膏、橡胶、树脂和纸；高 30cm；
泰特美术馆，伦敦

27. 偏执狂临界状态的城市郊外：欧洲历史边缘
的午后
1936 年；木板油彩；46cm×66cm；
私人藏集

28. 熟豆的软结构，内战的预兆
1936 年；布面油彩；110cm×84cm；
费城美术馆，宾夕法尼亚州

29. 秋天的人吃人
1936 年；布面油彩；65cm×65.2cm；
泰特美术馆，伦敦

30. 变形水仙花
1937 年；布面油彩；50.8cm×78.2cm；
泰特美术馆，伦敦

31. 睡眠
1937 年；布面油彩；51cm×78cm；私人藏集

32. 非洲印象
1938 年；布面油彩；91.5cm×117.5cm；
博伊曼斯·范伯宁恩博物馆，鹿特丹

33. 山湖
1938 年；布面油彩；73cm×92cm
泰特美术馆，伦敦

34. 西班牙
1938 年；布面油彩；91.8cm×60.2cm；
博伊曼斯·范伯宁恩博物馆，鹿特丹

35. 奴隶市场中隐身的伏尔泰半身像
1940 年；布面油彩；46.5cm×65.5cm；
萨尔瓦多·达利博物馆，圣彼得斯堡

36. 醒前一秒由蜜蜂飞绕石榴而引发的梦
1944 年；布面油彩；51cm×41cm；
科尔西翁·蒂森-博尼米萨基金会，马德里

37. 伊莎贝尔·施泰勒-塔斯夫人的肖像
1945 年；布面油彩；65.5cm×86cm；
国家博物馆普鲁士文化遗产国家美术馆，柏林

38. 圣安东尼的诱惑
1946 年；布面油彩；89.7cm×119.5cm；
比利时皇家美术馆，布鲁塞尔

39. 第一幅利加特港圣母像习作
1949 年；布面油彩；48.9cm×37.5cm；
马凯特大学帕特里克和比阿特丽斯·哈格蒂
艺术博物馆，威斯康星州密尔沃基

40. 圣十字若望的基督
1951 年；布面油彩；205cm×116cm；
圣芒戈宗教生活与艺术博物馆，格拉斯哥

41. 记忆的永恒之解体
1952—1954 年；布面油彩；10cm×13cm；
私人藏集，出借给圣彼得斯堡的萨尔瓦多·达
利博物馆

42. 耶稣受难
1954 年；布面油彩；194.5cm×124cm；
大都会艺术博物馆，纽约

43. 最后晚餐的圣礼
1955 年；布面油彩；167cm×268cm；
国家美术馆，华盛顿特区

44. 静物——快速移动

1956 年；布面油彩；125.7cm×160cm；

萨尔瓦多·达利博物馆，圣彼得斯堡

45. 身披荣光的委拉斯开兹描绘玛格丽特公主的

浮光掠影

1958 年；布面油彩；153cm×92cm；

私人藏集，出借给圣彼得斯堡的萨尔瓦多·达

利博物馆

46. 哥伦布发现美洲大陆

1958—1959 年；布面油彩；

410cm×310cm；

萨尔瓦多·达利博物馆，圣彼得斯堡

47. 捕捞金枪鱼（致敬梅索尼埃）

1966—1967 年；布面油彩；

300cm×400cm；

私人藏集

48. 迷幻斗牛士

1969—1970 年；布面油彩；

400cm×300cm；

私人藏集，目前出借给圣彼得斯堡的萨尔瓦

多·达利博物馆

文中插图

1. 艺术家的父亲和妹妹
   1925 年；铅笔素描；49cm×33cm；
   加泰罗尼亚艺术博物馆，巴塞罗那

2. 纯粹主义静物画
   1924 年；布面油彩；100cm×100cm；
   加拉-萨尔瓦多·达利基金会，菲格拉斯

3. 面包篮子
   1926 年；木板油彩；31.5cm×32cm；
   萨尔瓦多·达利博物馆，圣彼得斯堡

4. 费德里科·加西亚·洛尔卡的肖像画
   约 1923 年；布面油彩；74.6cm×52cm；
   加拉-萨尔瓦多·达利基金会，菲格拉斯

5. 电影《一条安达鲁狗》的片场
   1929 年；照片

6. 莱雅·赖斯和雕像
   1930 年；电影《黄金时代》剧照

7. 沉闷的运动
   1929 年；布面油彩及拼贴；41cm×31cm；
   私人藏集

8. 欲望的和解
   1929 年；纸板油彩及拼贴；22.5cm×35cm；
   私人藏集

9. 神圣之心
   1929 年；布面墨水；68.3cm×50.1cm；
   蓬皮杜中心国立现代艺术博物馆，巴黎

10. 威廉·退尔
    1930 年；布面油彩及拼贴；113cm×87cm；
    私人藏集

11. 沉睡的隐形女人、马匹和狮子……
    1930 年；布面油彩；50.2cm×65.2cm；
    蓬皮杜中心国立现代艺术博物馆，巴黎

12. 天鹅映象
    1937 年；布面油彩；51cm×77cm；
    私人藏集

13. 微粒圣母
    1952 年；纸面铅笔、乌贼墨水和印度墨水；
    55.6cm×43.2cm；
    艺术博物馆，阿拉巴马州伯明翰

14. "我疯了？我当然比买这本书的人理智。"
    1954 年；达利的照片；
    摘自《达利的胡子：摄影专访》

15. 佩皮尼昂火车站
    1965 年；布面油彩；295cm×406cm；
    路德维希博物馆，科隆

16. 全息！全息！委拉斯开兹！伽柏！
    1972—1973 年；全息图；42cm×57cm；
    加拉-萨尔瓦多·达利基金会，菲格拉斯

17. 控制论公主
    1974 年；计算机电路和组件；长 2 米；
    加拉-萨尔瓦多·达利基金会，菲格拉斯

对比插图

18. 乔治·布拉克
    移民
    1911—1912 年；布面油彩；
    116.7cm × 81.5cm；
    艺术博物馆，巴塞尔

19. 安娜·玛利亚肖像画（卡达克斯）
    约 1925 年；布面油彩；92cm × 65cm；
    加拉-萨尔瓦多·达利基金会，菲格拉斯

20. 巴勃罗·毕加索
    有石膏头像的工作室
    1925 年；布面油彩；98.1cm × 131.1cm；
    现代艺术博物馆，纽约

21. 腐烂的驴和钢琴
    1929 年，摘自电影《一条安达鲁狗》

22. 让·阿尔普
    山、桌子、锚、肚脐
    1925 年；纸板油彩及剪贴；
    75.2cm × 59.7cm；
    现代艺术博物馆，纽约

23. 马克斯·恩斯特
    圣母怜子图或夜间革命
    1923 年；布面油彩；114cm × 88cm；
    泰特美术馆，伦敦

24. 液态欲望的诞生
    1932 年；布面油彩；95cm × 122cm
    佩吉·古根海姆基金会，威尼斯

25. 食人族的怀旧之情
    1932 年；布面油彩；47.2cm × 47.2cm；
    施普伦格尔博物馆，汉诺威

26. 让-弗朗索瓦·米勒
    晚钟
    1858—1859 年；布面油彩；55cm × 66cm；
    奥赛博物馆，巴黎

27. 偏执狂星象
    1935 年；布面油彩；16cm × 21.8cm；
    华兹沃斯图书馆，康涅狄格州哈特福德

28. 梅·韦斯特的脸
    1934—1935 年；报纸水粉；31cm × 17cm；
    芝加哥艺术博物馆，伊利诺伊州

29. 弥诺陶洛斯
    1936 年；《弥诺陶洛斯》杂志第八期封面

30. 乔治·普拉特·莱茵斯
    达利、模特和龙虾
    1939 年，为纽约国际世界博览会的"金星之梦"拍摄的照片

31. 希特勒之谜
    1937 年；木板油彩；94cm × 141cm；
    私人藏集

32. 大偏执狂
    1936 年；布面油彩；62cm × 62cm；
    博伊曼斯·范伯宁恩博物馆，鹿特丹

33. 荷马的封神
    1945 年；布面油彩；63.5cm × 117cm；
    国家现代艺术画廊，慕尼黑

34. 皮耶罗·德拉·弗兰切斯卡
    费代里戈·达·蒙泰费尔特罗和巴蒂斯塔·斯福尔扎的双联肖像
    约 1465 年；木板画；每幅 47cm × 33cm；
    乌菲齐画廊，佛罗伦萨

35. 圣十字若望
    基督受难图
    约 16 世纪；素描；尺寸未知；
    圣特蕾莎修道院，阿维拉

36. 迭戈·委拉斯开兹
    公主
    1660 年；布面油彩；127.5cm × 107.5cm；
    普拉多国家博物馆，马德里

37. 大雅各
    1957 年；布面油彩；400cm × 300cm；
    比弗布鲁克美术馆，新不伦瑞克省弗雷德里克顿

拉斐尔式脖颈的自画像

Self-portrait with Raphaelesque Neck

1921—1922 年；布面油彩；41.5cm × 53cm；加拉-萨尔瓦多·达利基金会，菲格拉斯

纵观达利的整个艺术生涯，他曾利用许多表现形式来描绘自己。令人印象最深刻的是他超现实主义时期创作的那个无躯干的岩石状头像（彩色图版 15），而这幅早期的《拉斐尔式脖颈的自画像》是达利尝试创作传统自画像的典范。画中人物细长的脖颈强调了达利傲慢的优雅，而标题中"拉斐尔式"的描述其实不甚准确——换句话说，那是指文艺复兴全盛期的艺术风格。事实上，这幅画中的扭曲变形更多地借鉴的是文艺复兴之后的意大利油画，比如矫饰主义艺术家弗朗切斯科·帕尔米贾尼诺（Francesco Parmigianino，1503—1540 年）的著名《长颈圣母像》（*Madonna with a Long Neck*，现存于佛罗伦萨乌菲齐画廊）。尽管达利常常指涉外国作品——他对那些作品的了解可能仅仅基于复制品，但这幅自画像的创作灵感在很大程度上还是根植于本土。画中背景描绘的就是卡达克斯附近的布拉瓦海岸线，那里是达利一家的夏季度假地。拉蒙·皮乔特偶尔会来卡达克斯小住。作为达利家族的朋友和一位成功的画家，他对达利的影响在这幅画中体现得尤为明显，特别是画中浓重的橙色和紫罗兰色都是皮乔特尤为钟爱的颜色。

2

自画像与《广告报》

Self-portrait with La Publicitat

1923年；纸面水粉；105cm×75cm；索菲亚王后国家艺术中心博物馆，马德里

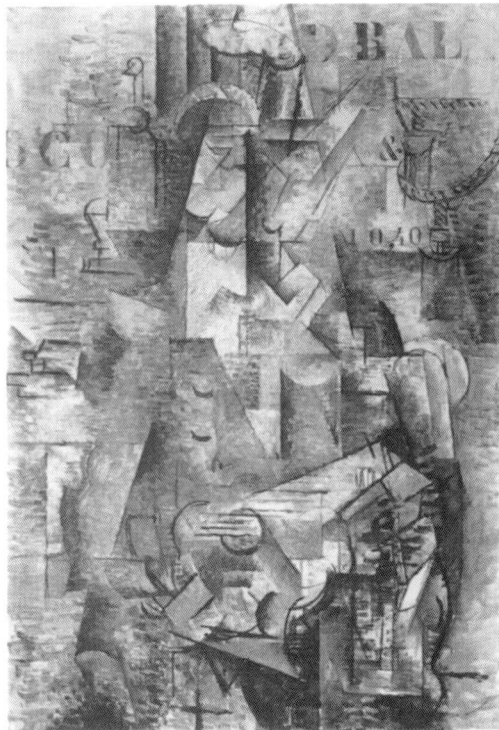

图18
乔治·布拉克
移民

1911—1912年；
布面油彩；
116.7cm×81.5cm；
艺术博物馆，巴塞尔

在这幅作品中，只有从那一头乌发才能辨认出早期自画像中的达利（彩色图版1）。这幅画表明，达利从亲朋好友为其收集的出版物中摸索出了立体主义绘画风格。虽然他后来的某些其他立体主义作品将会反映出法国艺术近年来的发展，但这幅作品显而易见是基于10多年前布拉克和毕加索创作的若干肖像画（图18），尽管达利这幅画的结构要简单得多，也没有把细枝末节刻画得面面俱到。画中对巴塞罗那报纸《广告报》（*La Publicitat*）的指涉强调了一个事实：就那个阶段来看，达利还仅仅是个当地艺术家，与巴黎的先锋派仍相距甚远。

3 卡达克斯

Cadaqués

1923 年；布面油彩；100cm×98cm；加拉-萨尔瓦多·达利基金会，菲格拉斯

卡达克斯渔村的周边区域对达利的一生都有着深远的影响。正如达利后来所写的那样："在卡达克斯的海岸边，我成就了自己，塑造了我的人格形象，觅得了我的爱情，画出了我的毕生之作，还建立了我的家园。"1923 年，当这一切尚未发生之时，达利为这个渔村画了一幅全景风景画。这幅画让人想起毕加索和安德烈·德兰（André Derain，1880—1954 年）于 20 世纪第二个十年在卡达克斯创作的油画。画中不透明的天空和鳞次栉比的方块房屋赋予了作品强烈的触感，而前景中的人物，尤其是挠腿的那个女人，让其免于沦为一幅枯燥无味的立体主义风景画。尽管如此，达利还是在他后来的其他作品中为该地区的景象和体验注入了更加个人化的元素（彩色图版 19）。

4

维纳斯与水手（向萨尔瓦特-帕帕塞特致敬）

Venus and Sailor (Homage to Salvat-Papasseit)

1925 年；布面油彩；216cm×147cm；池田 20 世纪艺术博物馆，静冈县

　　这幅画的副标题是"向萨尔瓦特-帕帕塞特致敬"，用以纪念彼时刚逝世的一位加泰罗尼亚诗人。这幅画也不妨被看作一件"向毕加索致敬"的作品。这件作品折射出毕加索这段时期在多种画风间不停转换的技艺，他甚至有时会在同一幅画中杂糅并用多种绘画风格。在这幅作品中，立体主义式的扁平色块构建出一名水手的形象，而除了他的烟斗清晰可辨，其他的一切个人特征都被剥去。这个水手紧抱着一个女人，她惊人的大块头具有强烈的雕塑感。与毕加索作品相类似的是，画中女人的姿势、衣着、头发以及她肥壮身躯的画幅占比，无一不显示出一种刻意扭曲的古典主义形态，甚至该作品标题中提及的"维纳斯"也颇具讽刺意味，因为这实际上是一个妓院中的场景。

　　达利自己也承认在艺术道路上曾借鉴过毕加索很多东西。在《萨尔瓦多·达利难以言说的自白》一书中，他记录道："毫无疑问，毕加索是继我父亲之后给我最多念想的人。"然而不幸的是，达利早期谄媚吹捧的态度很快就变成了一种竞争意识和轻蔑鄙视。不管怎样，不可否认的是，毕加索对于达利艺术事业的发展在最初产生了非常关键的影响。

5

窗前人物
Figure at a Window

1925 年；布面油彩；102cm×75cm；索菲亚王后国家艺术中心博物馆，马德里

图 19
安娜·玛利亚肖像画
（卡达克斯）

约 1925 年；
布面油彩；
92cm×65cm；
加拉-萨尔瓦多·达利基
金会，菲格拉斯

　　这幅美丽的油画是达利在 1923 年至 1926 年间（图 19）描绘妹妹安娜·玛利亚的系列作品之一。1925 年时年 17 岁的安娜·玛丽亚在画中凝视着卡达克斯的大海。这幅作品就是达利狂热迷恋女性背部毫不掩饰的例证，但是其中的风和日丽与古典和谐感却又非同寻常。尽管如此，这件看上去并无胁迫感的作品也让人有一丝不舒服的感觉——达利莫名其妙地省略了窗户的左扇。虽然此处的不规则效果想必是故意为之的，但是女孩左脚和墙壁底部的重叠看上去是一个失误。这也许可以证明达利所坦白的：即使他很瞧不起学院派艺术家——比如威廉·阿道夫·布格罗（William Adolphe Bouguereau，1825—1905 年）和让·路易·埃内斯特·梅索尼埃（Jean Louis Ernest Meissonier，1815—1891 年），但单从绘画技术上来比较，他们确实"画得比我好一千倍"。

6

女孩背面坐像
Seated Girl Seen from the Back

1925 年；布面油彩；104cm × 74cm；索菲亚王后国家艺术中心博物馆，马德里

　　1925 年，这幅安娜·玛利亚的肖像画和《窗前人物》一起，在巴塞罗那达尔茂画廊的首次达利个展上展出，并成功吸引了毕加索和米罗的注意。尽管在这两幅画中安娜·玛利亚隐藏的面庞都大大强化了作品的神秘特质，但就构图来说，它们实际上截然不同。在《窗前人物》中，占据大幅画面的是空旷的空间，不论是女孩还是窗外的风景，都与观者保持着一定的距离，而透过窗户看到的风景宛如一幅画中画。在《女孩背面坐像》中，安娜·玛丽亚则坐在室外，靠近观者的位置。此外，女孩连衣裙上美丽的褶皱也提升了画面场景的情色意味，而这正是达利对于学院派绘画技巧轻车熟路最有力的证明之一。

7

岩石上的人物
Figure on the Rocks

1926 年；木板油彩；27.5cm×45cm；萨尔瓦多·达利博物馆，佛罗里达州圣彼得斯堡

　　1926 年，达利访问巴黎时结识了毕加索。他在回家后创作的这幅有些令人困扰的画作，于当年秋天在巴塞罗那展出。这里提到的岩石来自布拉瓦海岸，他在同年创作的另一幅《悬崖》[*Cliffs*，又名《岩石上的女人》(*Woman on the Rocks*)，私人藏集] 中也对这个元素进行了再现，但后者外观的压迫感要弱一些。《悬崖》中在岩石上做出伸展姿态的女人依然是安娜·玛利亚，这一点可以从其侧面轮廓投在手臂上的阴影辨认出来。这一次，达利用毕加索的风格让妹妹变形成了一个硕大无朋的女性形象。这幅作品中猛烈的透视缩短手法大大增强了画面的视觉冲击力，也让达利为其生涯后期的《圣十字若望的基督》(彩色图版 40) 等作品的恢宏视觉效果小试牛刀。

8

月光下的静物
Still Life by Moonlight

1926 年；布面油彩；199cm × 150cm；索菲亚王后国家艺术中心博物馆，马德里

　　虽然这幅作品的风格属于立体主义，但它的意象却具有强烈的诗意和超现实特质。当时，毕加索已在作品中展现出这种将显然矛盾的元素结合在一起的手法。在这幅画中，躺在桌上的半身人像会让人联想到毕加索的《有石膏头像的工作室》（图20），但是诸如吉他等意象——它的琴颈与旁边鱼的躯体惊人地相似——则是达利自己的巧思。事实上，他后来将蔫软的吉他视为《记忆的永恒》（彩色图版19）中著名软表的雏形。虽然《月光下的静物》的大部分画面都画如其名地笼罩在暗夜的色调中，但偶尔跳跃的明亮色彩则增强了这个场景的表现力，特别是那条引人注目的蓝色小鱼，在达利的笔下意外地活灵活现，跃然纸上。

图 20

巴勃罗·毕加索：有石膏头像的工作室

1925 年；
布面油彩；
98.1cm×131.1cm；
现代艺术博物馆，纽约

9

装置与手
Apparatus and Hand

1927 年；木板油彩；62cm×47.5cm；萨尔瓦多·达利博物馆，佛罗里达州圣彼得斯堡

在 1927 年这一年中，达利开始对多种风格兼收并蓄，也逐渐形成了一套更具个人特色的绘画语言。这幅画中的"装置"（apparatus）形态同时兼具了几何特点和隐约的人类特征，它在法国超现实主义画家唐吉和意大利画家乔治·德·基里科（Giorgio de Chirico）的作品中已有确切的先例，而他俩的早期作品曾被超现实主义画派大力推崇。尽管如此，这时的达利仍然强烈地要求自己对超现实主义保有自己的独立性。不可否认，虽然《装置与手》借鉴了超现实主义意象，但它也包含更个人化的图形，比如左下方那头腐烂的驴子，它在《小灰烬》（彩色图版 10）中再次出现，而达利与布努埃尔合作的电影《一条安达鲁狗》也突出展示了它。这幅画中对死亡和腐烂的另一处指涉，是装置顶部那只脱离躯体的手，上面殷红的鲜血和幽蓝的血管看起来像是被剥了皮一样。这个意象中的暴力色彩为达利的创作注入了一种新的基调。在接下来的数年中，这种基调将变得更加明显。

也许让人并不意外的是，这种图像激起了保守派评论家的负面回应。达利在回复中宣称，他的"反艺术"作品在卡达克斯的孩童和渔民眼里是完全可以理解的，反而是那些"富有经验"的观者不能理解自己看到的新现实，因为他们已经习惯了按照传统的思维定式去看待世界。

图 21
腐烂的驴和钢琴

1929 年；
摘自电影《一条安达鲁狗》

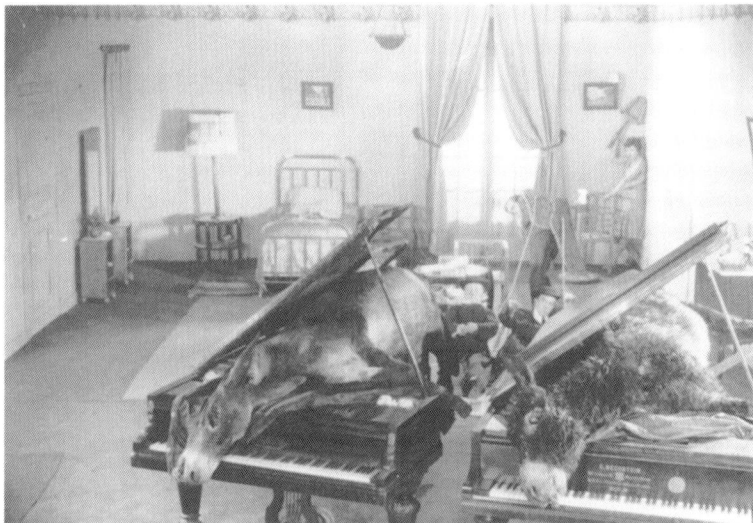

10

小灰烬
Little Ashes

1928 年；木板油彩；64cm×48cm；索菲亚王后国家艺术中心博物馆，马德里

　　这幅画中达利沉睡的脑袋是理解这幅作品奥妙的关键。这个艺术家形象意味着，画面中充斥的其他古怪物件表现的是达利自己的梦境和潜意识欲望。虽然画中性和排泄物的模糊形态显示出达利的早期支持者米罗对他的影响，但是诸如驴骨架等许多其他图形则证明了达利自己极富个性的想象力。其中，飘浮的难辨雌雄的巨大躯体尤其引人注目。很显然，这个图像捕捉到的是这个巨大躯体正在变形的过程——它即将变成长着厚重红黄鬃毛的另一种形态。尽管彼时达利仍然试图与超现实主义保持距离，但是这幅《小灰烬》昭示着他将于1929 年创作出一幅成熟的超现实主义油画。

11

光谱牛
The Spectral Cow

1928 年；木板油彩；50cm×64.5cm；蓬皮杜中心国立现代艺术博物馆，巴黎

　　1923 年，即将成为超现实主义运动领袖的布勒东，在他的诗集《地之光》（*Clair de Terre*）中描述了他射杀海滩上空一只飞鸟的梦境。当这只"鸟"掉进海里时，布勒东惊奇地发现它其实并不是鸟，而是另外某种动物——一头牛或一匹马。这个诡异的故事至少给达利留下了深刻印象，因为鸟和牛的幻影再次出现在这幅油画中。另外，德国超现实主义画家恩斯特作于 1925 年的《美丽季节》（*The Beautiful Season*，私人藏集）显然也是这幅画的灵感来源之一。然而，《光谱牛》也指涉了一些达利自己最爱的意象，比如驴的骨架就显然与他在作品中经常表现的腐烂驴子有关。此外，与《小灰烬》（彩色图版 10）相类似，这幅画上半部分中飘浮着一个神秘的迷你角锥体，它完美的几何感与下方有机物的腐烂景象形成了鲜明对比。

12　四名卡达克斯渔民的妻子
Four Fishermen's Wives of Cadaqués

1928 年；布面油彩；148cm×196cm；索菲亚王后国家艺术中心博物馆，马德里

图 22
让·阿尔普：山、桌子、锚、肚脐

1925 年；
纸板油彩及剪贴；
75.2cm×59.7cm；
现代艺术博物馆，纽约

另一位影响达利的超现实主义艺术家是法国的让·阿尔普（Jean Arp，1887—1966 年），其作品中高度抽象的形态为世人进行不同诠释提供了丰富的发挥空间（图 22）。对于抽象艺术，虽然达利通常执拗地持反对态度，但其中模棱两可的感觉对达利却非常有吸引力。在这幅画中，他就效仿了这种效果。虽然此时达利的其他一些作品也反映出阿尔普式的生物形态，但不久之后，达利自己彻底不同的超现实主义风格便结晶成型。

13

春日之初
The First Days of Spring

1929 年；木板油彩及拼贴；50cm×65cm；私人藏集，出借给佛罗里达州圣彼得斯堡的萨尔瓦多·达利博物馆

　　1929 年春天，达利与布努埃尔一起制作了电影《一条安达鲁狗》。紧接着，达利又创作了一系列超凡卓绝的油画作品，并于次年的 11 月在戈曼画廊（Goemans Gallery）展出。这些作品中的第一部恰如其分地被命名为《春日之初》，昭示着达利对弗洛伊德精神分析学说日渐增长的热情。在他的理论中，连楼梯都被赋予了明确的性意味。画中的其他图形则与达利在其著作中描述的早年经历有关。1929 年 3 月，在《艺术之友》杂志刊发的文章《手指的解放》（"The Liberation of the Fingers"）中，达利讲述了他小时候在卡达克斯的父母家门外捡到一条小鱼的经历。让小达利惊恐的是，这条小鱼的脸竟然长得有点像蚱蜢。在这幅画中，这个童年阴影的强大力量就反映在鱼和昆虫上——达利的脑袋脱离躯体悬在空中，而鱼和昆虫就挂在他的嘴巴上。在这一时期，达利也在反复思索他与父亲的关系。达利的父亲在这幅画中出现在两处：背景中的那两个迷你人像，几乎可以肯定是婴儿时期的达利及其父亲；在画面右边，父亲正在与妹妹安娜·玛丽亚交谈。

　　《春日之初》最引人注目的技法特点在于它对拼贴画的运用。婴儿达利的黑白相片位于构图中心，很容易识别，但其他贴上去的彩色图像就很难辨认了。超现实主义作家路易·阿拉贡曾在 1930 年指出过这一点，当时他组织的一场拼贴画展包含了这件作品。这幅画除了戏弄观者的知觉，这种有意混淆拼贴画和油画的手法也证实了达利的信条，一如他后来所说，油画的形态应该是一种"描绘非理性具象……的手工着色照片"。

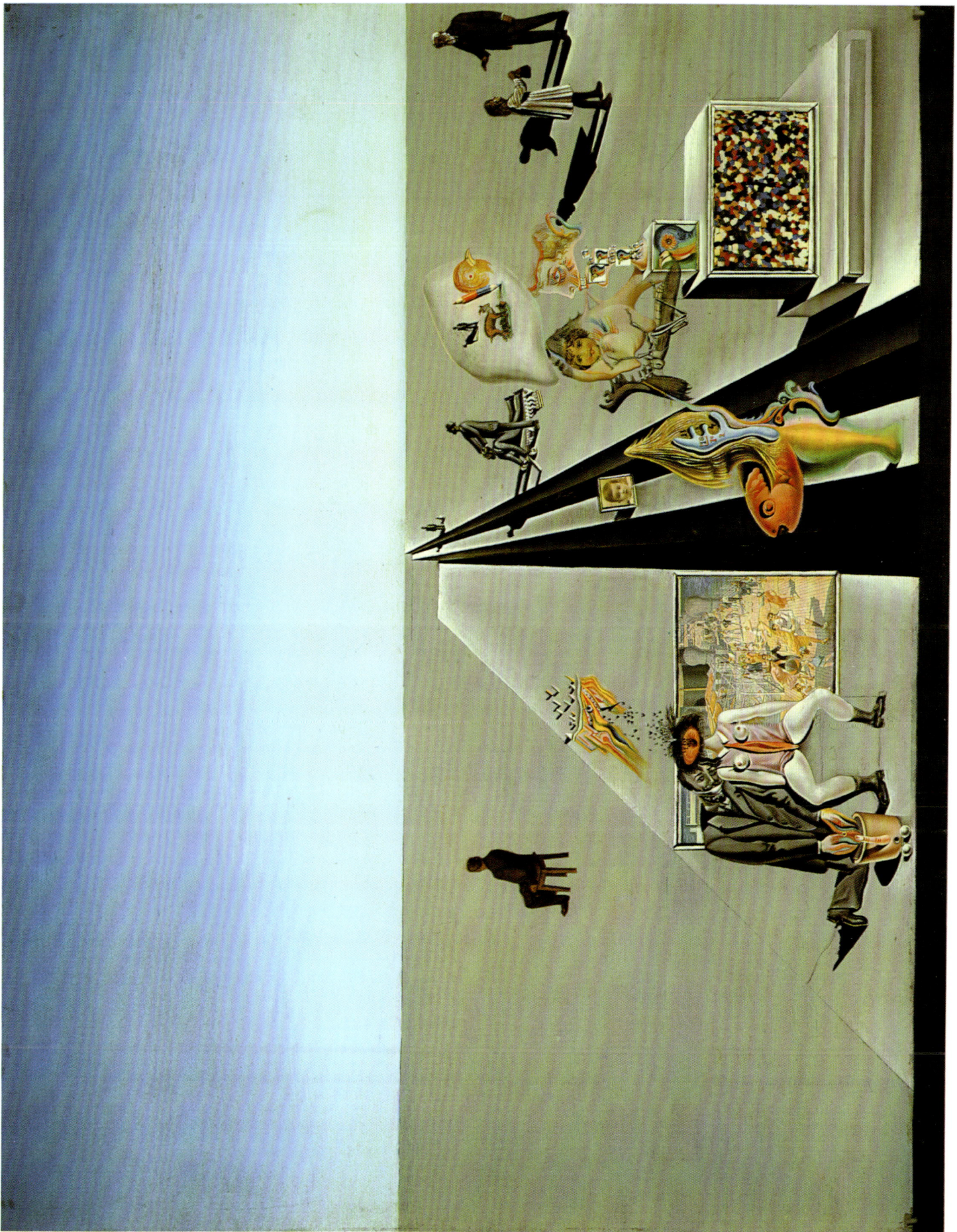

14　被点亮的欢愉
Illumined Pleasures

1929 年；木板油彩及拼贴；23.8cm × 34.7cm；现代艺术博物馆，纽约

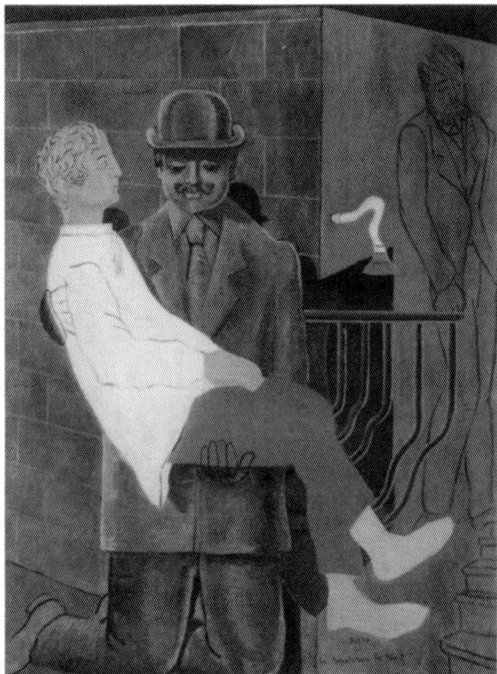

图 23
马克斯·恩斯特：圣
母怜子图或夜间革命

1923 年；
布面油彩；
114cm×88cm；
泰特美术馆，伦敦

与《春日之初》（彩色图版 13）中的大片留白相比，《被点亮的欢愉》是一幅画中有画的、激发幽闭恐惧感的集合艺术作品，其中充斥着各种令人不安的场景。画中画这个别出心裁的灵感并不完全是达利的原创。对于《被点亮的欢愉》而言，达利尤其借鉴了德·基里科的早期作品。不过，这幅画里很多其他意象则是达利独一无二的创造。画面中达利斜倚的脑袋和蚱蜢，在《春日之初》（彩色图版 13）中就已被人熟知。在《被点亮的欢愉》中，达利在这些意象周围安插了指涉父母亲暴力行为和自慰的图形——后者是他最大的乐趣之一。画中的自慰活动是通过重复展现一个骑行者的系列形象的手法来暗示的，而这个图像影射般地遮住一个年轻男人的下半身——他因羞愧而转过身去。在画面前景中，一对男女的形象则暗示了一条更加复杂的联想链。这个男性无疑与恩斯特的《圣母怜子图或夜间革命》（图 23）中的父亲有几分相似，这个父亲是著名的超现实主义意象，它指涉的不仅是《耶稣受难记》（*Passion of Christ*），而且还包括俄狄浦斯的传说——他的父亲在他还是婴儿时企图杀死他。在达利的这幅画中，留胡子的男人怀中抱着的不是他的儿子，而是一个女人——人们把她与维纳斯联系在一起，这个女神在大海中一诞生就已是成人。另外一种解读认为她是麦克白夫人（Lady Macbeth）——也许这种可能性要大一点，因为画中女人沾满血迹的手肯定与画面角落里的匕首有关。无论这个女人的身份是什么，达利对传奇故事的神秘暗示无疑都反映出弗洛伊德对他的影响——在弗洛伊德看来，神话可以象征在其他方面被压抑的欲望和恐惧。

15

伟大的自慰者
The Great Masturbator

1929 年；布面油彩；110cm×150.5cm；索菲亚王后国家艺术中心博物馆，马德里

　　达利长久以来对于自慰的内疚感和其对被阉割惩罚的恐惧感有着千丝万缕的联系。在《伟大的自慰者》中，阉割的威胁仅仅是通过右边男性人像膝盖上的若干伤口来暗示的。到目前为止，这幅画最引人注目的特点是它集中呈现的复杂视觉类比，而这预示着他在 20 世纪30 年代将开启所谓的偏执狂临界状态的创作。画中最明显的例子就是，达利将自己头颅的意象转化为一块巨大的岩石，而这块石头的古怪造型取自他热爱的布拉瓦海岸的岩石。叠放的一堆物体突出了巨石的不稳定性：最顶端的一个鸡蛋被刻意地放在岩石上保持平衡。岩石最显著的特征当属其鲜亮的黄色和明显的柔软性，这些富有表现力的特质在《液态欲望的诞生》（图 24）中得到进一步开发，形成了令人难忘的视觉效果。

　　在画面右下角，岩石的流动性格外显而易见——那里的岩石蓦地突变成一个弯曲有致、新艺术（Art Nouveau）风格的奇特装饰物。达利经常对新艺术风格的建筑发表感言，称它们是"凝固欲望的真正实现"，并坚信加泰罗尼亚建筑师安东尼奥·高迪（Antonio Gaudi，1852—1926 年）的建筑作品和他自己的画作一样，都受到了布拉瓦海岸岩石构造的启发。在这一时期，达利的艺术热忱也延伸至具象作品。正如他记述的，在这幅画中，长发女人戴着一支宛如阳具的百合花，这个造型来自 19 世纪末的石版画（lithograph）。达利头部的意象轻而易举地就变成了其他的形态，这一点让《伟大的自慰者》有别于其他当代油画作品，比如《被点亮的欢愉》（彩色图版 14）。然而，在这之后不久，达利的画就再次发生了更为重要的转变。

图 24
液体欲望的诞生

1932 年；
布面油彩；
95cm×122cm；
佩吉·古根海姆基金会，
威尼斯

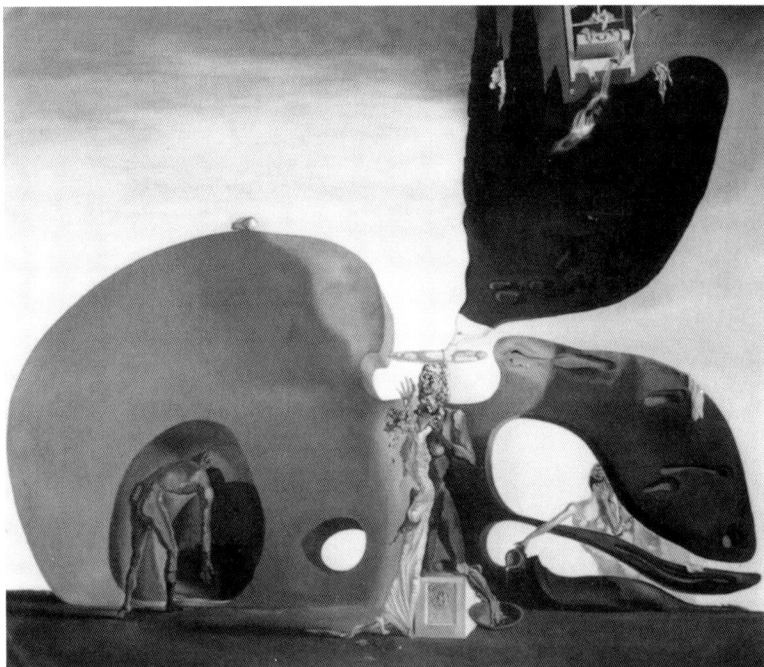

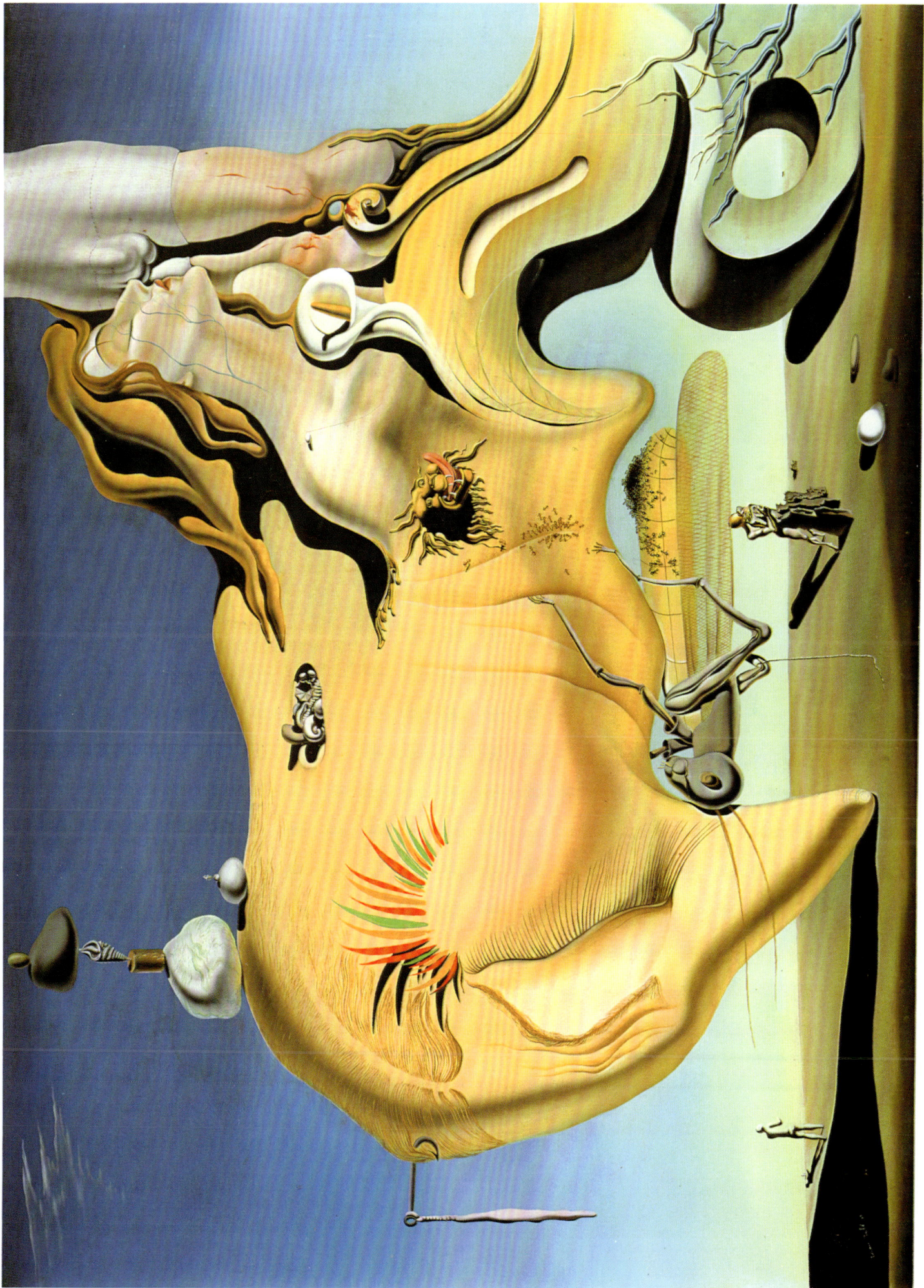

16 隐形人

The Invisible Man

1929—1933 年；布面油彩；140cm×81cm；索菲亚王后国家艺术中心博物馆，马德里

在《萨尔瓦多·达利的秘密生活》一书中，达利将"隐形人"描述为"一个带着仁慈微笑的重要人物……只要看到他，就能驱散我心头的所有恐惧"。然而，尽管达利准备好承认这幅双重图像作品并非完全成功，但是它的确能让观者从两个角度来解读它——它既可以代表一片神秘的颓败风景，又可以被看作一个男性的全身像。达利对这幅画最初的创作灵感，源自他记忆中一本童书上的埃及遗址插图。不过，为了在画中塑造出一名男性的形象，达利显然牺牲了各种风景的特征，以至于让这幅风景画被其人造感破坏。这一点在云彩的形状上尤为明显——它同时也充当了画中男人的头发，而那个塑像歪斜的颀长脖子构成了男人的右臂。但这样后果便是，不论是风景还是男性人像的意象，都相当缺乏说服力。

达利创作这件作品时备感头疼，他从 1929 年一直画到 1933 年却依然没有完成。尽管如此，1931 年，达利觉得这幅画的半成品已经有足够的分量，并能在巴黎的皮埃尔·科勒画廊（Pierre Colle gallery）展出——它在展览中的副标题被不甚准确地定为"1929—1932 年"。彼时，达利已经出版了一本书名与这幅画相呼应的著作——《可见的女人》（*The Visible Woman*）。在书中，他纤悉无遗地阐述了他的偏执狂临界状态方法——其中，双重图像扮演了至关重要的角色。在接下来的几年里，他精心钻研这门技法，并取得了更为惊人的成果。

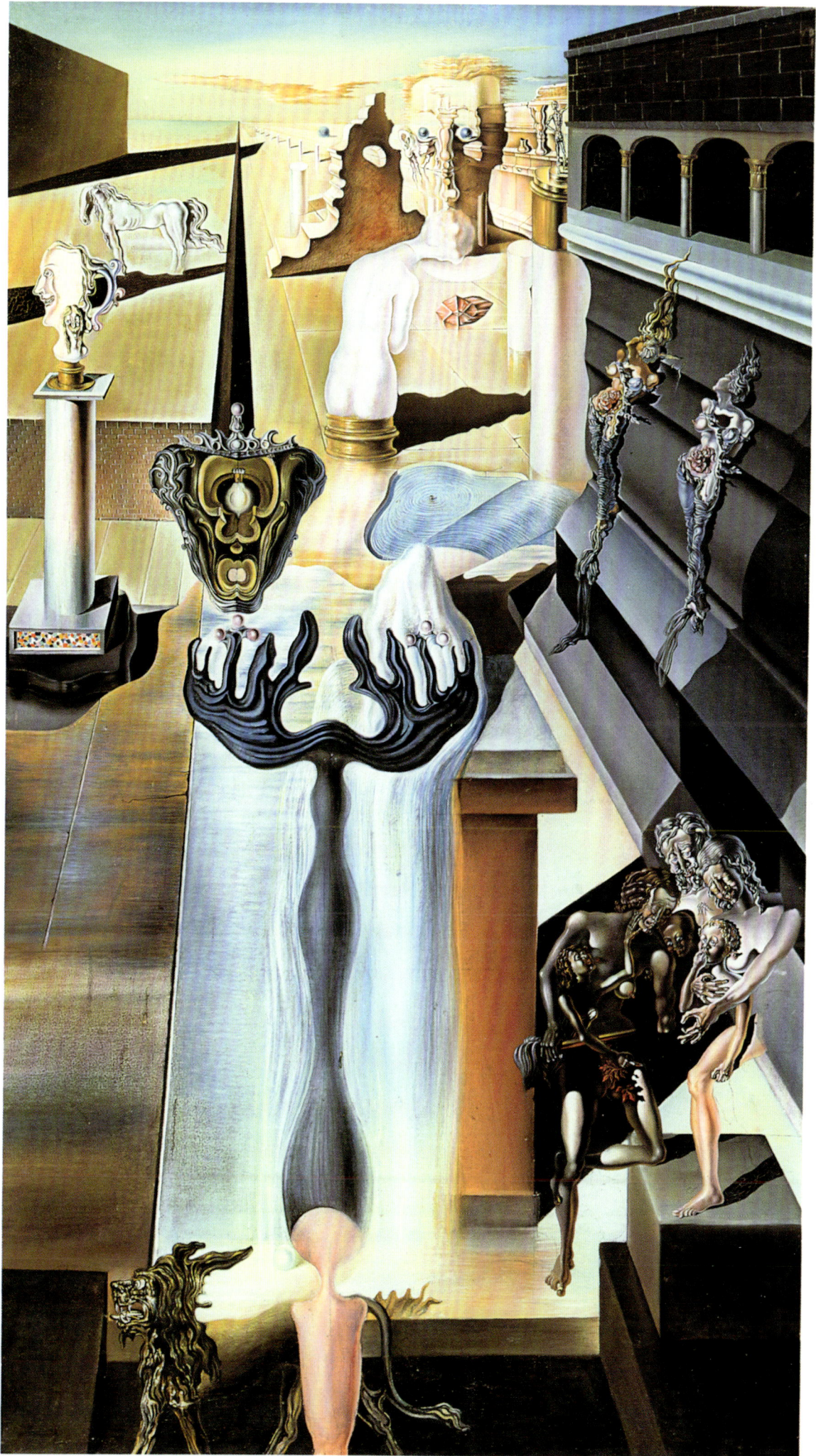

格拉迪瓦发现拟人遗址

Gradiva Finds the Anthropomorphic Ruins

1931 年；布面油彩；65cm×54cm；科尔西翁·蒂森-博尼米萨基金会，马德里

通过绘画，达利不断地讲述关于妻子加拉的神话。在这幅画中，他把加拉和格拉迪瓦二者的形象融为一体，后者是威廉·延森（Wilhelm Jensen）在 20 世纪早期创作的小说《格拉迪瓦：庞贝幻想》（Gradiva: A Pompeian Fantasy）的女主人公。小说讲述了一个年轻男子爱上古典浮雕中一尊石膏铸像的故事，后来他在庞贝遇到了一个长相酷似那个雕像的女子。弗洛伊德和超现实主义者们都十分着迷于这个故事，而达利在画中将格拉迪瓦对这个年轻人的救赎等同于加拉对自己的拯救。可以预料的是，他对威廉·延森笔下人物的形象化指涉远非直接明了，从而避免任何简单的符号化解读。在创作于 1930 年的《威廉·退尔》（图 10）中，达利不仅把让延森笔下男主人公痴迷的那块浮雕刻画得细致有加，而且还把它与另一个关于威廉·退尔的故事并置描绘。无论是《威廉·退尔》，还是稍晚问世的《格拉迪瓦发现拟人遗址》，都以占主导地位的浅绿色调为特征，从而让它们哀伤悲戚和令人焦虑的特质愈发强烈。

《威廉·退尔》对格拉迪瓦故事的影射较为晦涩难懂，而这幅《格拉迪瓦发现拟人遗址》更为神秘莫测。画面中的主体是一个巨大而无明显特征的人像，这佐证了达利对岩石的拟人化特质以及遗址结构的迷恋——在《伟大的自慰者》（彩色图版 15）和《隐形人》（彩色图版 16）中已有所体现。这幅油画中史前巨石柱般的“人”仅有几个有限的人类特征，其面部有一个裂开的洞，这让人不禁联想到德·基里科的某些作品。德·基里科和达利都深受瑞士艺术家阿诺德·勃克林（Arnold Böcklin，1827—1901 年）忧郁画风的影响，而柏树作为伯克林最喜欢的主题，再次出现在这幅画的背景中。隐蔽的格拉迪瓦环抱着巨石人像的姿势让弥漫整个画面的幽暗氛围更加浓重，而格拉迪瓦这个形象也体现出达利对于“用肢体接触来表达爱意”的病态看法，尽管他声称“加拉驱散了我身上的死亡之力”。然而，正如这部作品所呈现的，死亡之力仍在他艺术创作时占据着他的心灵。

18 部分幻觉：钢琴上的六个列宁幻影

Partial Hallucination: Six Apparitions of Lenin on a Piano

1931 年；布面油彩；114cm × 146cm；蓬皮杜中心国立现代艺术博物馆，巴黎

图 25
食人族的怀旧之情

1932 年；
布面油彩；
47.2cm×47.2cm；
施普伦格尔博物馆，汉诺威

当达利加入超现实主义运动时，列宁已然是超现实主义万神殿中的英雄之一了。不过，在达利眼中，列宁只是偏执狂临界状态下的众多幻想角色之一。在达利描绘其他最爱主题的作品中，列宁曾多次出现，例如《加拉与米勒的〈晚钟〉，在锥形变形物即将到来之前》（彩色图版 21）。尽管《部分幻觉：钢琴上的六个列宁幻影》并没有直接地影射米勒的画作，但这幅画却与达利在自己的著作《米勒〈晚钟〉之悲剧神话》中记述的一段经历有关："1932 年的某一天夜里，就寝之前，我眼前出现了一架琴键闪着耀眼浅蓝光芒的钢琴，在它的透视构图中，我看到一排逐个缩小的列宁面孔周围萦绕着若干发出黄色荧光的微型光环。"达利极力强调以上画面是在他完全清醒的时候出现的，而不是他入睡时曾看到过的所谓的"催眠幻象"（hypnagogic image）。这幅画还指涉了达利幼年时一次被罚在房间里关禁闭的经历——他在房里发现了一盘樱桃，这些樱桃也再次出现在这幅画底部的左下角。

在《米勒〈晚钟〉之悲剧神话》中，达利也重复了自己将看似栩栩如生但却风马牛不相及的典故集合起来的做法。在这本书中，他在记述了自己关于列宁面容的幻象后，还描绘了之后那个夏天他的脑海里出现的假想墨水池和煎蛋，而这个经历激发他创作了《食人族的怀旧之情》（图 25）。这些由不相关经历激发的作品在形式上具有某些共同的特质：这些画面中都有一排水平摆放、等距排列的物品，它们的颜色均为黄、黑、白三种颜色。然而，《米勒〈晚钟〉之悲剧神话》一书探讨了这些作品之间最重要的联系，并将它们与他反复描绘的《晚钟》联系在一起——他曾在一家商店里的一套茶具上看到过这幅画。这就是达利进入偏执狂临界状态的例证，他在"谵妄现象"的联想和解读上已"病入膏肓"。

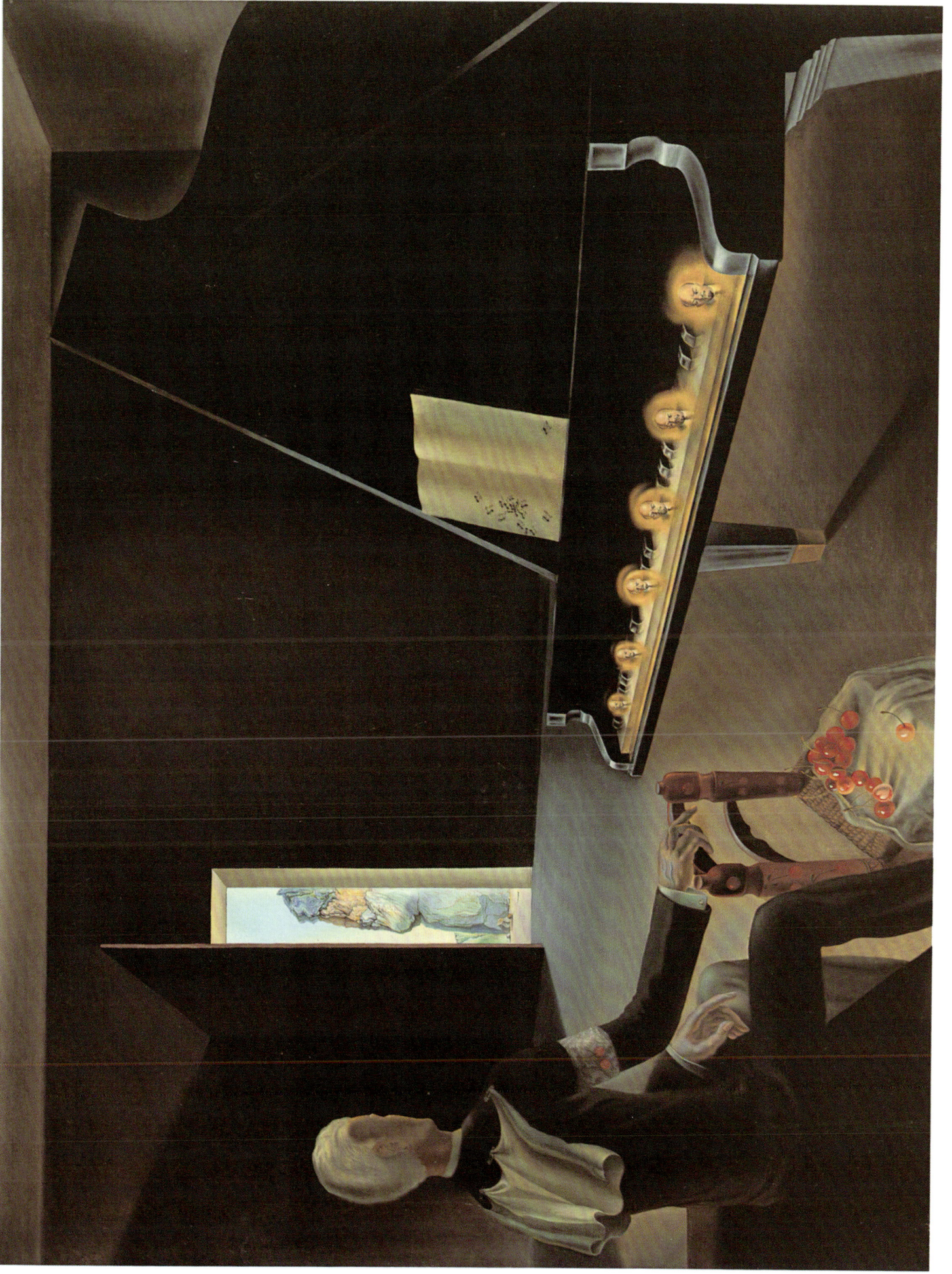

19 　记忆的永恒
The Persistence of Memory

1931 年；布面油彩；24.1cm × 33cm；现代艺术博物馆，纽约

在自传《萨尔瓦多·达利的秘密生活》中，达利描述了这幅著名画作的创作过程。画中非凡离奇的软表灵感来自一块剩下的卡蒙贝尔奶酪。那天晚饭后，加拉和几个朋友去看电影了，而因偏头痛在家休息的达利则注视思忖起那块奶酪来。达利一边沉思冥想着奶酪的"超柔软性"，一边回到工作室，然后突然茅塞顿开地意识到该如何完成他早前开始创作的一幅描绘利加特港荒芜日暮景象的风景画。他用了不到两个小时，就把软表加了进去，于是这幅极富盛名的油画就此诞生。

在达利的整个职业生涯中，他乐此不疲地在许多作品中探索他对柔软性的迷恋。然而，没有哪一幅作品能比这幅画中蔫软的表更具明显的性意味——它们要么挂在橄榄树枝上，要么披挂在达利低垂无力的脸上。一方面，这并不是说《记忆的永恒》仅囿于作者身体生理功能的层面；另一方面，他将这类柔软或坚硬的特质等同于自己心理状态的某些层面。在记述这幅画的创作过程时，达利形容自己的内心状态"超级柔软"，而他的公众形象则在加拉的影响下变得像"寄居蟹的壳"一样坚硬。达利对这幅画进行了非常个人化的解读，甚至宣称它代表了"我们被天堂驱逐后留下的创伤"。无疑，画中所有的表都指示着不同的时刻，从而营造出一种模糊的时间感——这种感觉是身处母胎中的胎儿所具有的。

在二战以后，达利还将《记忆的永恒》与他对现代科学日益增长的兴趣联系在一起。科学中关于空间和时间陈旧的绝对观念已被相对论颠覆。对达利来说，这种打破常识中宇宙观的科学，与他自己用"偏执狂临界状态"来冲击现实的手法不谋而合，后者依赖于他对极度非理性直觉之时刻的记忆。关于这一点，他在《萨尔瓦多·达利难以言说的自白》中作了完美总结："总有一天，有人会给我的软表上好发条，这样他们就能知晓绝对记忆的时间——唯一真实而先知的时间。"

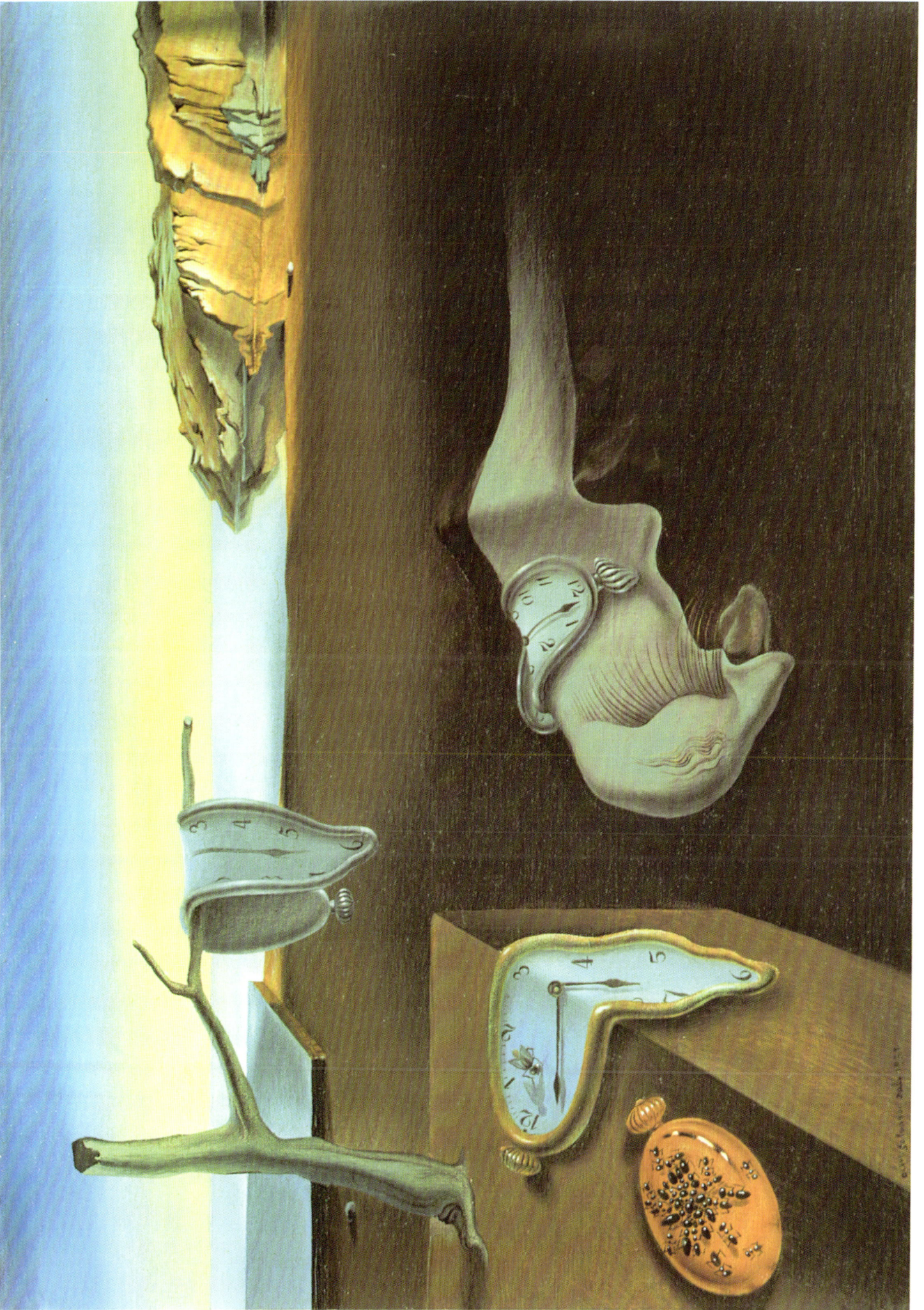

20

威廉·退尔之谜
The Enigma of William Tell

1933 年；布面油彩；201.5cm×346cm；现代博物馆，斯德哥尔摩

  1934 年，当这幅画在巴黎的独立艺术家沙龙（Salon des Indépendants）上展出时，画中人物的形象让其他超现实主义者深感冒犯。不难理解，某些抱有坚定马克思主义信念的人甚至企图破坏这幅画。据达利回忆，幸运的是，他们够不着它。画中人物的腰部以下完全赤裸，还露着一个巨大的光屁股，达利称这个造型"活像一根早餐面包条，其末端被一根开叉的拐杖支撑着"。最早出现在《记忆的永恒》（彩色图版 19）中的软表图案，在这里又出现在大理石底座上。这种柔弱无力感也体现在超长的帽舌上，它和人物的臀部一样，也需要借助外力支撑。至于为什么画中人物会被达利选中来接受如此令人不悦的待遇并不完全明了，是否是艺术家存心为之也不清楚。然而，底座上铭刻的标题暗示了这幅画的含义：列宁就等同于威廉·退尔。达利称，后者象征着他当时正在反抗的、压迫自己的父亲形象。

  很久以后，达利在《二十世纪》（*Twentieth Century*）杂志上发表了一篇题为《萨尔瓦多·达利之谜》（ "The Enigma of Salvador Dali" ）的文章，其中生动地描述了这幅画中威廉·退尔这个人物所造成的威胁。文中，他还描述了退尔是如何抱着一个婴儿的，该婴儿的脑袋上顶着一块生肉片，而不是退尔传奇故事中所说的苹果。根据达利的说法，生肉片清晰地表明这个父亲想要吃掉儿子。画面中的微型坚果壳、迷你摇篮及其中的婴儿，则更为精妙地将人物的野性展现出来——看起来这些东西随时都可能被退尔那只穿凉鞋的大脚踩得粉碎。达利还非常细致地解释道，这个意象代表了他深爱的加拉，因为她与达利的关系正是他与自己父亲决裂的最初导火索之一。虽然达利对这幅画给出的清晰解读让观者如释重负，但是也可以说《威廉·退尔之谜》缺少了达利同期许多其他作品具有的那种诗意的暧昧和微妙。

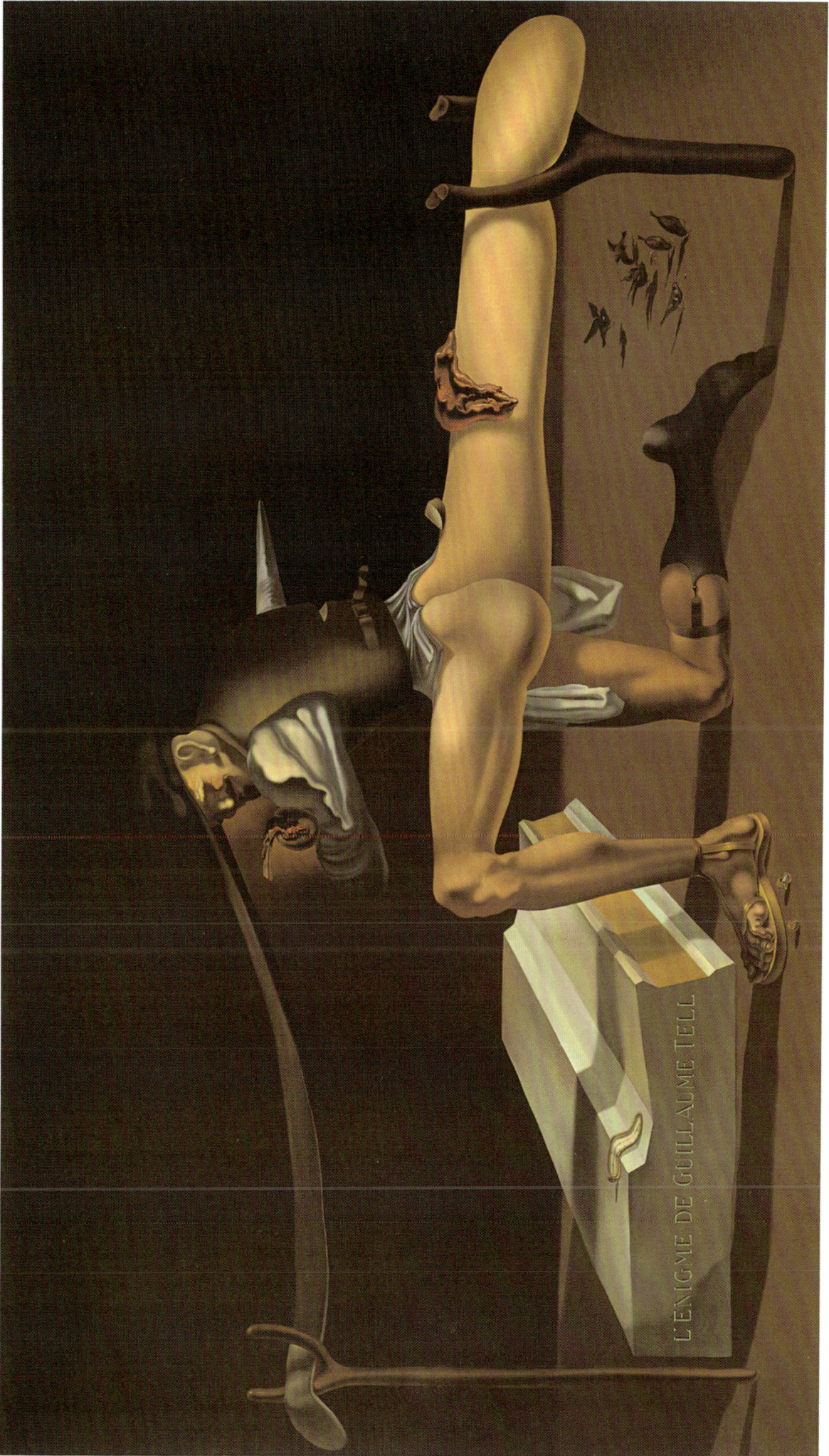

21

加拉与米勒的《晚钟》，在锥形变形物即将到来之前

Gala and The Angelus of Millet before the Imminent Arrival of the Conical Anamorphoses

1933 年；木板油彩；24cm×18.8cm；加拿大国家美术馆，渥太华

　　在这幅画中，从人物光秃秃的脑袋和胡子依稀可辨认出这是列宁的形象，他逃脱了被达利的扭曲幻想全力改造的命运。这种力量被转嫁到了俄罗斯作家、革命家马克西姆·高尔基（Maxim Gorky）身上，即画面左边顶着龙虾脑袋的那个人物。画中的高尔基和列宁都卷入了一场与加拉的奇遇，而门框上方悬挂的米勒的《晚钟》（图 26）复制品也许提供了一种不完全的解读。在达利的著作中，他将加拉和《晚钟》中的女人都刻画成女性统治者的形象，尽管他对加拉的评价肯定要比对后者更为正面。达利把《晚钟》看作是威廉·退尔神话的另一个母性版本。就威廉·退尔而言，达利已经将他解读为自己对父亲神经质的惧怕感。在《威廉·退尔之谜》（彩色图版 20）中，达利将列宁塑造为退尔，而在这件作品中，这位领导人的角色地位却逊于加拉。在房间另一头笑得很怪异的加拉，的确可以被看作对她在这幅画中的同伴构成了威慑，就像《晚钟》里的男人恐怕也感受到来自那个女人的威胁一样。无论这些类比具有什么样的力量，画中画的手法丰富了这件作品对常见心灵困扰的探索，即便是它并不能够也不打算给出一个清晰明了的答案。

图 26
让－弗朗索瓦·米勒：
晚钟

1858—1859 年；
布面油彩；
55cm×66cm；
奥赛博物馆, 巴黎

22

幻影马车
Phantom Waggon

1933 年；布面油彩；16cm×20.3cm；耶鲁大学美术馆，康涅狄格州纽黑文

　　对于运用双重图像技巧，很少有像这幅画这么简洁明快的。画中的马车正在穿越安普尔丹（Ampurdan）的平原，车上的两个人也代表马车行进前方城镇中的塔楼，而马车的车轮则代表插在沙子里的木桩。除了这一处相对直白的偏执狂临界状态，整个画面相当空旷。从这个角度来看，它与之后问世的海滩场景系列作品有一点相似，比如在《偏执狂星象》（图 27）中，沙海和天空也占据画面的大部分。和《幻影马车》一样，这些作品大多数都包含一个破损的双耳罐形象，这指涉的是达利家乡加泰罗尼亚的古典文明遗迹，而这为画面增加了一抹遗弃感的鲜活色彩。

图 27
偏执狂星象

1935 年；
布面油彩；
16cm×21.8cm；
华兹沃斯图书馆，康涅狄
格州哈特福德

23

性感的幽灵
The Spectre of Sex Appeal

1934 年；布面油彩；18cm×14cm；加拉-萨尔瓦多·达利基金会，菲格拉斯

　　这幅画中，右下角那个穿着水手服的男孩显然代表的是童年时期的达利。按照达利自己的描述，这身精致的装扮与达利小时候的校服一模一样——与同学们的穿着相比，他的衣服显得非常华丽而昂贵。达利在画中将小男孩安放在布拉瓦海岸上一个岩体岬角前方，他凝视的无头女巨人的腹部绑着一块形似靠垫的岩石，她的双乳则像两个麻袋。这个形象也出现在同一时期达利为洛特雷阿蒙伯爵的著作《马尔多罗之歌》所绘制的插画中。

　　关于自己对性的恐惧，达利创造了一个令人难忘的象征，而这根植于他那被宠溺却患幽闭恐惧症的童年。这一次，他没有再运用解读方式互斥的双重图像技巧，而是凭空创造出一个骇人的复合生物，其主要的生理特性是"分解，即破坏虚幻的体量"。这与达利于 1934 年在超现实主义杂志《弥诺陶洛斯》（Minotaure）中定义的"幽灵"完全吻合。乍一看，这个怪物对男孩的生殖器产生了奇怪的作用，但仔细一看才发现，他只是攥着手里的一根骨头和他的铁环而已。尽管如此，这个骨骼化的阳具幻影，丰满了这个具有强大视觉冲击力的性压抑意象。

24

加拉肖像画
Portrait of Gala

1935 年；布面油彩；32.4cm×26.7cm；现代艺术博物馆，纽约

在达利关于妹妹安娜·玛利亚的早期肖像画中，他是从不同的角度来表现人物形象的，但这幅画的不同寻常之处在于，画中人物所看到的不同视野被整合在同一张画布上。达利不仅以这种方式篡改了现实，还故意改变了挂在加拉背后墙上《晚钟》的构图。原作中女人身后的独轮手推车变得更加醒目，而这个达利版《晚钟》里的两个人物都坐在手推车上，就像画中的加拉一样。对达利来说，手推车具有强烈的性含义，因为在他的观念中，农民们将其劳动工具"色情化"是回应他们艰辛劳作的一种方式。当然，也不难看出达利如何能够有说服力地将《晚钟》中插入地面的干草叉解读为男性生殖器。然而，对于手推车的解释，他不得不也剽窃其他信息来源，尤其是明信片和民间绘画。达利声称，这些东西展示了看似平凡的物品既能代表农民的性征，又能代表妇女阉割丈夫的威胁。达利既然将加拉看作自己的拯救者，那么将她和这些令人困扰的主题放在一起就似乎有些奇怪。然而，用达利的话来说，她的伟大天赋就是能为他提供灵感，"助我实现卓越的突变，从邪恶到善良，从狂乱到有序，甚至成功地让我的同代人接受并共享我的疯狂"。

25

梅·韦斯特的嘴唇沙发
Mae West's Lips Sofa

1936—1937 年；粉红色缎面木框架；高 86cm；私人藏集，出借给伦敦维多利亚与阿尔伯特博物馆

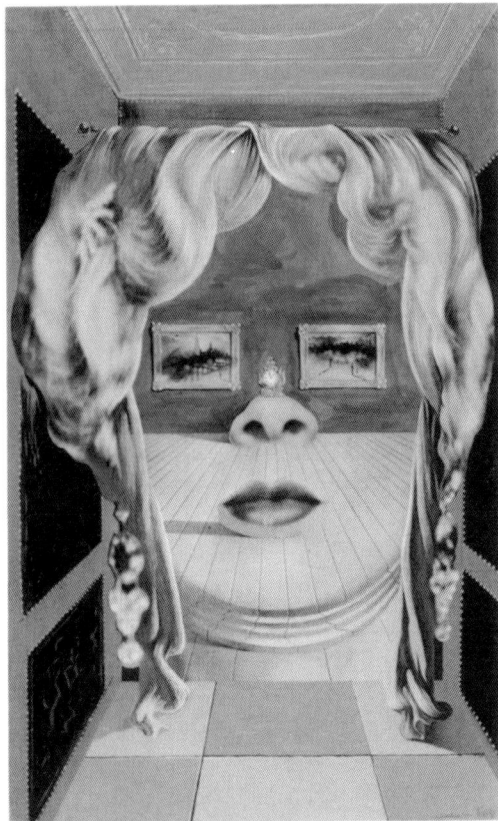

图 28
梅·韦斯特的脸

1934—1935 年；
报纸水粉；
31cm×17cm；
芝加哥艺术博物馆, 伊利诺伊州

达利对美国女演员梅·韦斯特的痴迷由来已久。现存于芝加哥的一幅水粉画（图 28）展示了他基于梅·韦斯特面部特征而构思的一个"偏执狂临界状态房间"的原始设计。遗憾的是，直到 1974 年菲格拉斯的达利博物馆落成时，这个计划都没能执行。不过，在 20 世纪 30 年代，达利成功地根据自己的设计订做了几张沙发。这里的这款沙发是英国的爱德华·詹姆斯（Edward James）委托其制作的。对于这位重要的赞助人，达利将其描述为"蜂鸟诗人"（humming-bird poet），他"买走了达利最好的作品，所以自然而然是最富有的人"。在颜色方面，这款沙发与时尚设计师埃尔莎·斯基亚帕雷利（Elsa Schiaparelli）开发的"鲜粉红色"口红色号是相同的，达利本人也曾经在 1937 年亲手为斯基亚帕雷利设计过帽子和连衣裙。在造型方面，它不仅参照了梅·韦斯特的嘴唇形状，而且还借鉴了其他来源的灵感，比如高迪建筑上的奢华曲线。典型的刚愎与乖张让达利的主要灵感还是取自卡达克斯附近外形尤其不规则且令人不舒服的岩石构造。但正如他自己所说，超现实主义的物品从来都不是为实用性而造的。

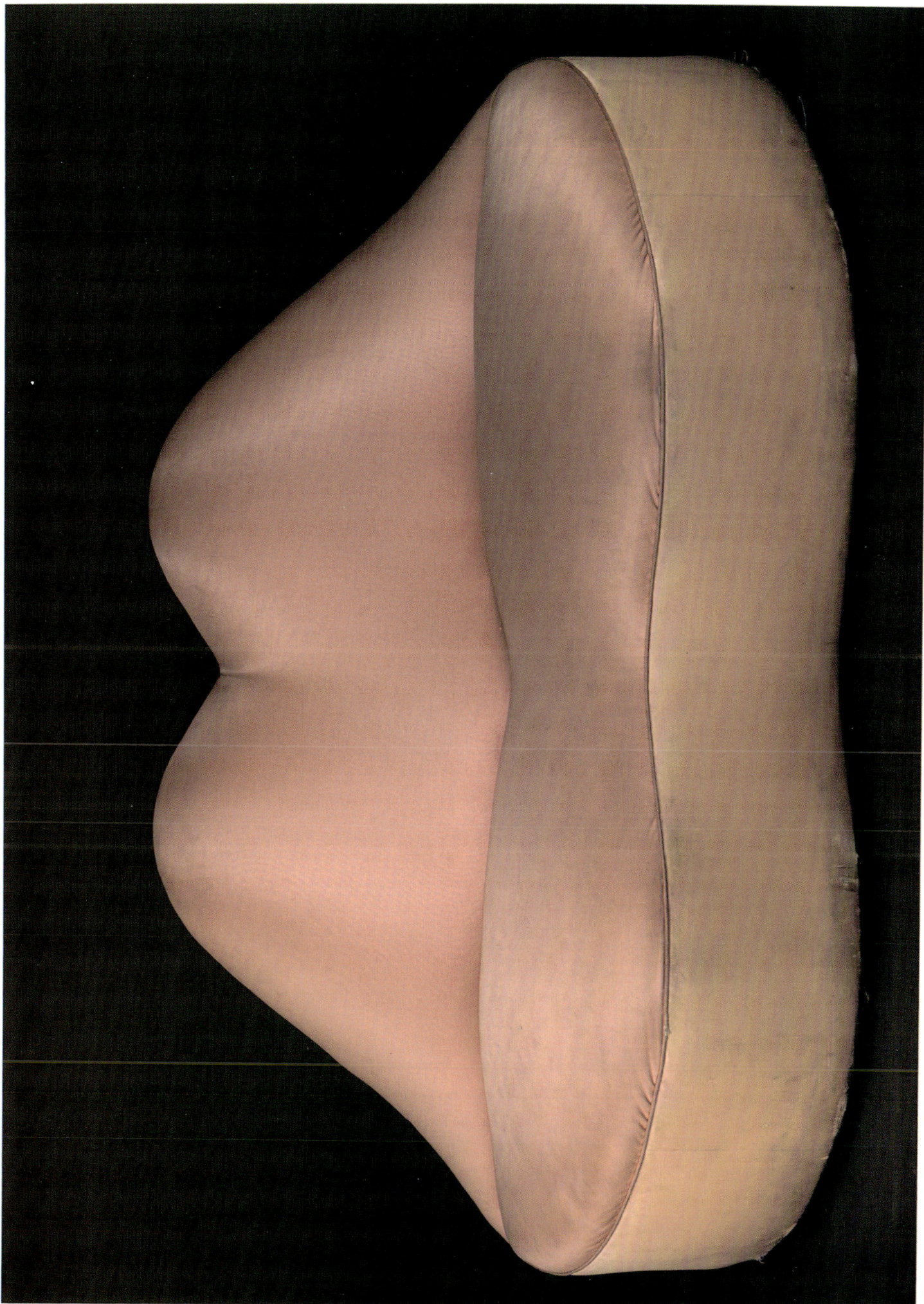

26

龙虾电话
Lobster Telephone

1936 年；钢、石膏、橡胶、树脂和纸；高 30cm；泰特美术馆，伦敦

图 29（左）
弥诺陶洛斯

1936 年；
《弥诺陶洛斯》杂志第八
期封面

图 30（右）
**乔治·普拉特·莱茵
斯：达利、模特和
龙虾**

1939 年，为纽约国际世
界博览会的"金星之梦"
拍摄的照片

    这也是爱德华·詹姆斯委托达利制作的一件作品。在这件作品中，达利的介入让一个现代科技的物件变得毫无用处却引人入胜，并将它与龙虾嫁接在一起。作为达利为人熟知的迷恋之物，龙虾在那段时期经常出现在他的作品中（彩色图版 21 和图 29）。在《萨尔瓦多·达利难以言说的自白》中，达利描述了卡达克斯渔民在当地教堂的祭坛上悬挂活龙虾的场景。他们这样做，是为了让那些甲壳动物濒死的痛苦挣扎有助于教化人们更好地聆听弥撒仪式中的受难曲。显然，达利对龙虾用途的赞赏远不止于此。在 1938 年出版的《超现实主义简明词典》（*Abridged Dictionary of Surrealism*）中，他对"催情电话"（aphrodisiac telephones）的定义让人印象深刻。按照这个定义的说法，"听筒被龙虾取代，发荧光的盘子衬托出龙虾的高级状态，它们是真正用菌块炖煮出的'捕蝇器'"。虽然这是龙虾取代电话的一个例子，但也可以用电话来替代龙虾。在《萨尔瓦多·达利的秘密生活》一书中，达利坦言："当我在餐馆点烤龙虾时，从来没有人给我端上来一个煮熟的电话。我不明白这是为什么。"达利轻车熟路地让人对这些物件的可食用性产生了确切的性联想，龙虾尤为如此——它的坚硬甲壳与之下的软肉形成了令人满意的对比。在《龙虾电话》中，包含龙虾性器官的尾巴被搭在电话的听筒上——也许这是刻意为之的。通过这种相对微妙的方式，龙虾的情色意味被烘托出来——跨过这一小步后，达利就在其命途多舛的美国大作"金星之梦"（图 30）中对龙虾进行了更为大胆的运用。

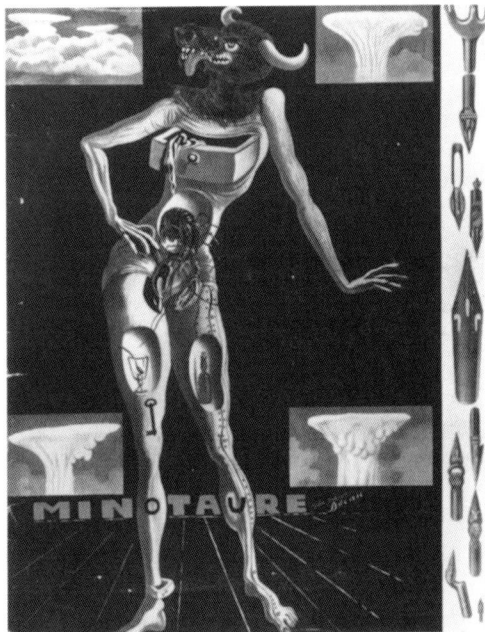

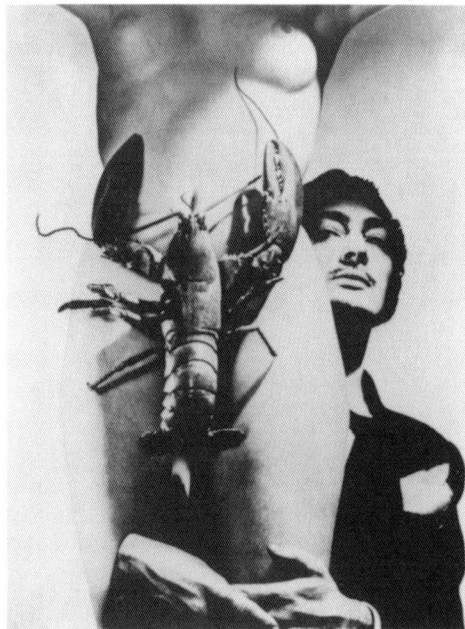

27

偏执狂临界状态的城市郊外：欧洲历史边缘的午后

Suburbs of the Paranoiac-critical City: Afternoon on the Fringes of European History

1936 年；木板油彩；46cm × 66cm；私人藏集

在这幅令人不安的画作里，达利创造了一系列怪诞的城镇景观。在这个背景前，加拉形象鲜明地举着一串葡萄。从某种意义上说，这幅作品并不包含双重图像，因为画中各个物体的形象特征是分明的，即便它们的真正寓意高深莫测。然而，形态上的另一种模糊性似乎又在很大程度上影响了这幅画：某些特定形状在画面中重复出现，而且每一次都代表不同的对象。一张幸存的素描草图（私人藏集）很好地记录了达利是如何开发出这一技巧的，其中有一个形状同时出现在葡萄、头骨和马背的意象中。葡萄有可能是达利最先决定要描画的东西，他对与加拉度过第一个夏天时她吃的那串葡萄仍历历在目："我只需闭上眼睛，就能在脑海中完整再现出加拉采摘葡萄的画面。"之后，这个意象催生出了草图中的其他形态。

实际上，油画中各种元素之间在形式上的联系远比草图所勾勒出的多，它们创造出的视觉秩序掩盖了该作品象征手法本身的不合理性。画面中的三个场景都指涉了加泰罗尼亚的实景，但将它们一一并置则为这幅画增添了超现实感和迷失方向的感觉。这种手法很明显是受德·基里科早期作品的影响。即便是引用了古典传统，左边的拉斐尔式建筑和前景中的双耳瓶也给人一种相当强烈的历史断裂感，因而这幅画副标题中提到的"欧洲历史边缘"看来也并非巧合。尽管如此，这幅作品无疑预见了达利独树一帜的古典主义风格。在之后的岁月中，这种风格将越来越多地主导达利的艺术。

28

熟豆的软结构，内战的预兆

Soft Construction with Boiled Beans: Premonition of Civil War

1936 年；布面油彩；110cm×84cm；费城美术馆，宾夕法尼亚州

　　画面之中巨大的轮廓高高耸立于风景之上，这显然是受西班牙艺术家弗朗西斯科·戈雅（Francisco Goya，1746—1828 年）的启发，他的《巨人》（*The Colossus*，现存于马德里国家博物馆）描绘的是一个巨人在拿破仑入侵西班牙的混乱景象中崛起的场面。达利的创作甚至比戈雅的还要怪诞，正如他所描述的那样，"我画的是一个长出畸形赘生物的巨型人体，这些赘生出的手臂和腿脚在自我绞杀（auto-strangulation）的谵妄状态下互相绞缠、撕扯"。尽管达利选择用"自我绞杀"来隐喻迫在眉睫的西班牙内战，他同时也在画面中强调了其意象的柔软性，甚至是可食用性。"在象征内战的大量赘肉软结构中，我用一些煮熟的豆子来作装饰，因为没有人能想象，如果不加一些干软而令人悲伤的蔬菜，就能吞下所有那些毫无意识的肉。"通过这幅作品，达利再次践行了他的信条，即"柔软、能消化、可食用、经肠胃的一切，自然都属于偏执狂临界状态所再现出的世界"。值得一提的是，这幅画中柔软和有弹性的特质也突出了这个生物自我毁灭过程中缓慢曲折的特点。

　　达利本人对西班牙内部斗争的恐惧源于他自己 1934 年在革命中的短暂经历。当年，路易斯·孔帕尼斯（Lluís Companys）宣布成立加泰罗尼亚共和国（Republic of Catalonia）。当时身在巴塞罗那的达利始终不是一个勇敢之人，于是他便越过法国边境溜之大吉。正是这段经历让他画下了那些草图，它们也就为两年后的这幅画打下了基础。达利将西班牙社会当下所经受的灾难放在这个国家的耐受性大背景中，尤其是它的城市建筑景观。当战争的炮火平息后，城市景观的不朽性再一次被证实。这幅作品描绘的具有特定地形的地点可以通过站在怪物手掌后的小小男性人物辨认出来——这个形象在达利同时期的油画《一无所求的安普尔丹化学家》（*The Ampurdan Chemist Seeking Absolutely Nothing*，私人藏集）中也可以看得到，从而证实这个影射国家自我分裂的骇人象征位于达利家乡安普尔丹平原的永恒景观之中。

29

秋天的人吃人
Autumn Cannibalism

1936 年；布面油彩；65cm×65.2cm；泰特美术馆，伦敦

　　在这件作品中，达利对柔软性和可食性的关注甚至比在《熟豆的软结构，内战的预兆》中更加明显。画面中，西班牙内战化身为一对夫妻，在紧紧相拥的同时彼此蚕食。不同于之前那幅画中看起来并不是很快活的怪物，《秋天的人吃人》描绘的是一场几近愉快的活动。右边的怪物正在拿着勺子舀起同伴身上的一块肉，它极其温文尔雅的姿态却强化了这一幕奇观令人毛骨悚然的感觉。

　　无论内战有多么可怕，达利都力图通过把这场体验描绘成一种美食体验来表达他的观点，即这场冲突与其说是政治现象，不如说是生物现象。不出所料，该作品表现的场景显然又在加泰罗尼亚，尽管他曾记述过这幅作品是他在马德里被围困时创作的。坚硬而永恒不变的磐石与食人族的柔软形体形成刻意为之的鲜明对比，从而突显出后者的暂时性。在达利看来，这场斗争其实相对来说并不重要，它只不过是形成这片风景的许多自然事件之一而已。达利构建这个类比的能力让自己在情感上与这场冲突之后的发展态势保持距离——在战火停止后他才回归，以求"重新回忆起神圣价值观的存在"。事实上，卡达克斯教堂的尖顶已经毁于战争，达利的朋友中有 30 人也中弹身亡。然而，正如达利后来回忆的那样，"拍打在克里奥斯角（Cape Creus）那些岩石上闪耀的彩色泡沫，依然让岩石持续着永恒的变形"。

30

变形水仙花

The Metamorphosis of Narcissus

1937 年；布面油彩；50.8cm×78.2cm；泰特美术馆，伦敦

达利声称，这幅画和那首于 1937 年出版的附随诗歌是"完全通过综合运用偏执狂临界状态而获得的第一件绘画和第一首诗歌"。根据达利的说法，他的灵感源自他在利加特港无意中听到的两个渔民的对话。其中一人谈论到一个整天对镜端详自己的男孩，而另一人则回应说这个年轻人是"脑子有'苞'"（bulb in the head）——加泰罗尼亚人常用这个表达方式来形容某种心理情结。这段对话不禁让达利联想到关于纳西索斯（Narcissus）的古典神话：这个年轻人爱上自己在池中的倒影，并在溺亡后化身成一朵花——毕竟，如果一个人的脑袋里有一颗花苞的话，那么它可能随时都会"开花"。

依托于对这一主题的视觉想象，达利创作出其最令人瞩目的油画作品之一。在画面左侧，纳西索斯凝视池塘的造形仿佛是变形过程中的一瞬间，而在画面右侧，他已完成了彻底的蜕变。这一切吻合达利在诗歌中的描述："静止的纳西索斯，被池中的倒影以食人植物消化猎物的缓慢速度逐渐蚕食，直至消失。唯一剩下的只有幻化成白色卵形的头部……水的指尖顶起他的脑袋，顶在那双无知觉的手的指尖。"在画中，白色卵形化为一个有裂纹的鸡蛋，一支花破壳而出。它就是"新的纳西索斯"，一如诗中所描述的那样。

在背景中的群山之间，手举鸡蛋的意象再次出现，而它也意在表现雪之神在春天来临时随欲望一起消融。画面中间一群刻画入微的裸体人物让弥漫整个画面的性兴奋气息更加浓烈。为了帮助理解，达利将他们描述为"异性恋群体"（heterosexual group）。

对达利来说，除了视觉上的刺激，这幅画还具有深刻、甚至神秘的个人意义。正如他自己在《萨尔瓦多·达利难以言说的自白》中所说，在遇见加拉之前，他一直处在"几近绝对的自恋中，尤其是在自慰的时候"。加拉的出现，不仅改变了他对性的理解，还帮他从关于早夭的哥哥萨尔瓦多的困扰中解脱出来——"他是卡斯特，而我是他的帕勒克[1]，我也正在成为他的影子"。如达利所述，加拉成了他的另一个自己，或是取代其亡兄的知己，从而将他病态的自恋转化为富有创造性的积极品质。最重要的是，加拉促使达利通过艺术表达消解了他的各种心理问题和焦虑情绪。因此，几乎并不意外的是，他在这首诗的末尾将从颅顶裂缝中绽开的花朵形容为"加拉——我的水仙"。

---

1 卡斯特与帕勒克，古希腊罗马神话中的孪生神灵，即双子星座的双子。——编者注

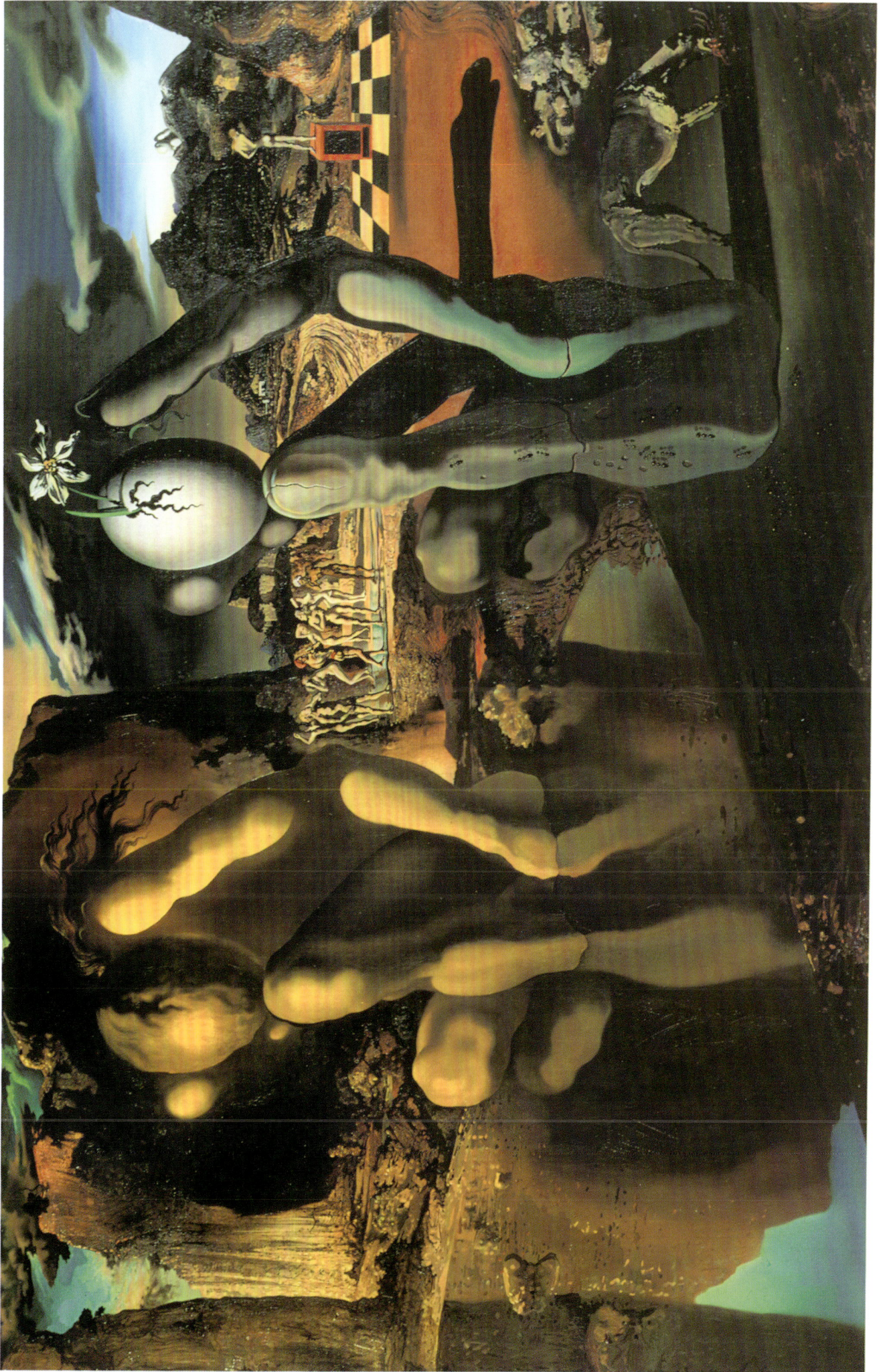

31

睡眠
Sleep

1937 年；布面油彩；51cm × 78cm；私人藏集

　　"在我的想象中，我常常将睡魔描绘成一个巨大而沉重的头颅，它的锥形躯体自上而下越来越细，并被现实之拐杖支撑着。一旦拐杖断裂，我们便会有'下坠'的感觉。"达利在《萨尔瓦多·达利的秘密生活》中的记述进而提出，这个体验其实是分娩时婴儿脱离母体那一瞬间的感知记忆。他还将自己在偏执狂临界状态下一些最为鲜活的体验归功于睡眠的降临，例如《食人族的怀旧之情》（图 25）记录的那些意象。的确，在达利的许多超现实主义自画像中，熟睡中的他被如梦似幻的意象萦绕着。在《睡眠》这部作品中，人物置身于一个空旷得醒目的空间中，这种空无感在达利眼中是与"极度痛苦"联系在一起的。尽管如此，画面右侧还包含了被他称作"皮耶罗·德拉·弗兰切斯卡（Piero della Francesca，约 1410—1492 年）[1] 的无聊梦境中出现的著名避暑小镇"，它指涉的是皮耶罗为阿雷佐（Arezzo）的圣弗朗西斯教堂创作的"真十字架传说"（The Legend of the True Cross）组画中的《君士坦丁大帝之梦》（*The Dream of Constantine*）。

　　尽管《睡眠》主要表现了达利根深蒂固的强迫症，但他后来承认，这也是他对当时境况更为直接的回应。在西班牙内战吞噬了达利许多好友的生命后，这场令人惊恐的冲突让他无法抵抗对自我意识进行压抑的特殊要求，而《睡眠》正是这种迫切需要的生动写照。

1　15世纪意大利的宗教画画家。——编者注

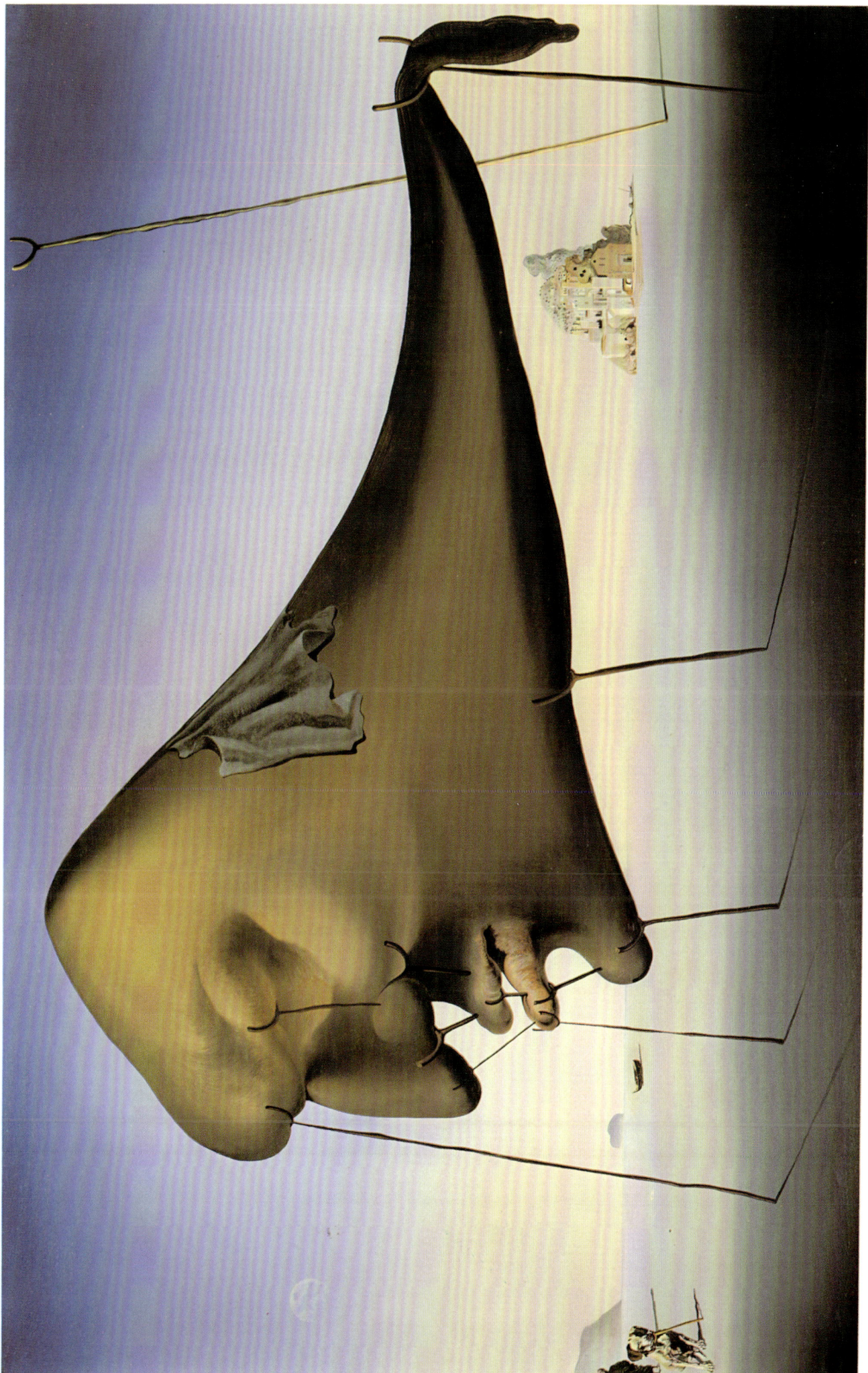

32

非洲印象
Impressions of Africa

1938 年；布面油彩；91.5cm×117.5cm；博伊曼斯·范伯宁恩博物馆，鹿特丹

　　这幅画的名字源自法国作家、国际象棋手雷蒙·鲁塞尔（Raymond Roussel）的一部戏剧。1933 年，达利对鲁塞尔的作品一见倾心，形容其为"处于心智缺陷的边缘地带"。实际上，这幅画记录的不是达利对非洲的印象，而是西西里——鲁塞尔于 1933 年自杀于此地。达利是在英国收藏家伯纳斯勋爵（Lord Berners）位于罗马的家中完成这幅画的。然而，达利从不会因现实的地理状况而扫兴，他争辩道："'非洲'在我的作品中是占有一定分量的，因为尽管我从来没有去过那里，但我却能有那么多关于它的'回忆'。"一方面，达利对非洲的认知反映为画中干旱荒凉的景象；另一方面，他自己出现在画架后、透视距离急剧缩短的人像，显示出其与意大利巴洛克艺术的邂逅。画中的达利被描绘成一位预言家，他在偏执狂临界状态下产生的种种幻象充盈在背景中。熟悉的象征手法又以双重图像的形式出现，譬如几张加拉的面容和一头驴子，前者可被视为拱廊建筑的一部分，而后者则形成了牧师的人像。和往常一样，加拉紧贴达利头顶的显著位置表明她是达利灵感的主要来源。尽管这幅油画无疑与达利很多偏执狂临界状态的早期作品相一致，但它对意大利艺术的借鉴不仅预见了达利职业生涯后期的发展轨迹，而且还证实了他的观点。"我想，作为一名古典主义者，我将功成名就，同时仍然保留偏执狂的内核。"

33

山湖
Mountain Lake

1938 年；布面油彩；73cm×92cm；泰特美术馆，伦敦

　　乍一看，很难想象这幅看似并无冒犯之意的山湖风景画，会成为因政治内容而惹怒超现实主义者的作品之一。然而，当把它与达利稍早的作品《希特勒之谜》（图 31）进行比较时，它真正的意义便一目了然。在《希特勒之谜》中，代表英国首相内维尔·张伯伦特征的雨伞以及盘子上希特勒的微型肖像表明，这里的电话听筒暗指关于慕尼黑协议的谈判，正是该条约让张伯伦开出了维护"我们这个时代的和平"的空头支票。的确，达利自己也说过，这幅画的创作灵感是基于慕尼黑事件所引发的一系列梦境。在《希特勒之谜》中，悬挂在枝丫上绵软无力的听筒让人联想到《记忆的永恒》（彩色图版 19），而《山湖》则运用了达利的另一件迷恋之物——拐杖——来表现局势的动荡不安。《山湖》没有明确提及希特勒和张伯伦，这不仅使其更加玄妙莫测，而且还增强了电话富有表现力的疏离感。画面最后还有一个让人意外的意象，形似阳具的湖泊宛如桌面上的一条鱼，而早在几年前的《月光下的静物》（彩色图版 8）中，达利就已经运用过这个意念。通过这种方式，达利让画中的静物显得尤为黯淡阴郁，正如法语中的说法，他创造了一幅"静物写生"（nature morte）——直译成英文为"死寂的生命"（dead life）。

图 31
希特勒之谜

1937 年；
木板油彩；
94cm×141cm；
私人藏集

西班牙
Spain

1938 年；布面油彩；91.8cm×60.2cm；博伊曼斯·范伯宁恩博物馆，鹿特丹

图 32
大偏执狂

1936 年；
布面油彩；
62cm×62cm；
博伊曼斯·范伯宁恩博
物馆，鹿特丹

　　这幅油画是一组偏执狂临界状态系列作品中的一幅，在这些作品中，若干微型人物被巧妙地排列组合成更大的人物形象，而另一个备受赞美的相关作品是《大偏执狂》（图 32）。《西班牙》中有一位服饰和姿态都具有古典风格的女人，而这一形象是由一群微型的战斗骑士构成的。他们让人不禁联想到列奥纳多·达·芬奇的《博士来拜》（Adoration of the Magi，意大利佛罗伦萨乌菲齐画廊）背景中的那些武士。《西班牙》和《博士来拜》这两幅画作都有同样的沙褐色调子和一种未完成的质感，而《大偏执狂》也具有相同的特征。《西班牙》中唯一的一抹亮色是悬挂在抽屉上的衣衫，以及由斗篷和两个骑士脑袋构成的女人嘴唇和乳头，它们都是醒目的血红色。不可否认，《博士来拜》是这幅画重要的灵感来源之一，并且达·芬奇对达利的影响十分深刻。达利和德国超现实主义者恩斯特都知道，达·芬奇描绘的长满青苔的墙壁、云彩和灰尘曾赋予达利灵感，让他打造出自己的意象形态。确实，布勒东在 1941 年和达利彻底闹掰后声称，达利的偏执狂临界状态手法只不过是照搬了达·芬奇和恩斯特的方法。然而，在《萨尔瓦多·达利的秘密生活》一书中，达利似乎真实可信地记述道，他小时候曾出神地盯着学校墙壁上的污渍。"我的眼睛会毫无倦怠地追随着这些霉斑轮廓不规则的模糊轨迹。在这些无序的图案中，我看到种种不断具体化的意象升腾而起，它们逐渐地被赋予了越来越精确、细致和现实的人物个性。"正如达利自己所说，儿时的这种体验成了"我未来的审美基石"。

　　《西班牙》不仅是达利诸多双重图像作品中较为独具匠心的一件，而且它还以一种个性化的间接甚至抒情的方式影射了当时的西班牙内战。这件作品也为人们解读达利提供了一个非凡视角，让我们得以了解到达利内心深处渴求让自己与肆虐祖国的战乱相隔离的愿望。

ESPAÑA

35 奴隶市场中隐身的伏尔泰半身像
Slave Market with the Disappearing Bust of Voltaire

1940 年；布面油彩；46.5cm × 65.5cm；萨尔瓦多·达利博物馆，佛罗里达州圣彼得斯堡

　　基于法国雕塑家让-安托万·乌东（Jean-Antoine Houdon，1741—1828 年）创作的伏尔泰半身像（现存于纽约大都会艺术博物馆），达利又一次利用一件赞誉有加的艺术品创作出一个大师级的双重图像。在这幅画中，伏尔泰的目光越过画面望向半裸的加拉，其头部也可以看作拱门前的几名女子。这幅作品的创作过程可以追溯到达利基于乌东的雕像（私人藏集）画的一幅素描图，其中他将这个雕塑简化成了一个由黑白形状构成的图案。之后，他在油画中采用了这些形态，以求创造出这些女性的另一种意象。她们之中有两人穿着 17 世纪西班牙风格的黑白服装，而右边穿绿、紫色衣服的第三个人则同时充当了伏尔泰头部的侧脸。构成左边两个女性的形状也微妙地修饰了伏尔泰的脸部特征，尤其是眼睛周围——这也反映在素描图中。有人说，这幅作品展示了达利创造能够互替却又互斥的意象的高超技法，换句话说，不论观众何时看向这幅画，他看到的要么是伏尔泰的头像，要么是奴隶市场上的妇女，但不能同时将两者收入眼底。不过事实上，这个说法也是有争议的，因为画中伏尔泰的脸孔轻微有些扭曲，观者会一直意识到，组成这个半身像的形态中仍存在着其他人形。即便如此，这并没有减损作品的力量，双重图像的不确定性赋予了作品一种令人困扰而神秘莫测的气质。除此之外，根据达利的说法，他将伏尔泰的脸孔和奴隶市场整合在一起，并不仅仅是视觉上的巧合。如他所述，"在加拉的庇护下，我得以免受奴隶们啼笑皆非的拥挤世界的侵扰。加拉瓦解了伏尔泰在我心目中的形象，以及一切可能残存的怀疑主义的蛛丝马迹"。因此，凭借着特有的独创性，达利再次成功地阐释了偏执狂临界状态看似令人费解的创作过程。

36

醒前一秒由蜜蜂飞绕石榴而引发的梦

Dream Caused by the Flight of a Bee around a Pomegranate One Second before Awakening

1944 年；布面油彩；51cm×41cm；科尔西翁·蒂森–博尼米萨基金会，马德里

"宛如一根木棍掉落在入睡者脖子上让他瞬间清醒过来，一个悠长的迷梦也在断头台的利刃下戛然而止，此处蜜蜂飞舞的嗡嗡声导致枪矛刺向加拉，并将其唤醒。"达利滑向创作粗糙媚俗作品的开始可以说就是这幅奇特的幻想油画。这类作品至少代表他后期的一部分作品，尽管还是有很多例外。关于"躺在岩石上的女人"这个主题早在1926 年的《岩石上的人物》（彩色图版 7）中就已经出现，然而在这幅画中，富于表现力的变形效果已无迹可寻，取而代之的是达利战后创作的单调乏味的古典主义裸体人像，而稍晚些时候创作的《荷马的封神》（图 33）也重蹈覆辙。不难理解，不仅这个梦境中所有元素都与万有引力定律相悖，而且此处对物理定律的无视还特意融入了平滑而有光泽、过于现实主义的意象。诚然，达利宣称这幅油画实现了他的创作目的，即"描绘非理性具象……的手工着色照片"。但问题在于，除了对理性的蔑视，这幅作品似乎令人遗憾地缺乏更深层次的内涵，而流于形式的表面意义。

图 33
荷马的封神

1945 年；
布面油彩；
63.5cm×117cm；
国家现代艺术画廊，慕尼黑

37

伊莎贝尔·施泰勒-塔斯夫人的肖像
Portrait of Frau Isabel Styler-Tas

1945 年；布面油彩；65.5cm × 86cm；国家博物馆普鲁士文化遗产国家美术馆，柏林

图34
皮耶罗·德拉·弗兰切斯卡：费代里戈·达·蒙泰费尔特罗和巴蒂斯塔·斯福尔扎的双联肖像

约1465 年；
木板画；
每幅 47cm×33cm；
乌菲齐画廊，佛罗伦萨

　　二战期间，达利在美国的艺术事业是为上流社会创作肖像画。他重新利用偏执狂临界状态这个超现实主义技巧实现了一个非常不"超现实主义"的目的——赚得盆满钵满。这幅作品完成于好莱坞，与其说它与达利过去的双重图像实验有关，倒不如说是更多地参照了16 世纪意大利艺术家朱塞佩·阿钦博尔多（Giuseppe Arcimboldo，1527—1593 年）的作品。阿钦博尔多是一位备受超现实主义者推崇的画家，其作品中的人物形象由树枝、树叶和水果构成，达利这幅画中左侧的结构形态与其有明显的相似之处。此处，偏执狂临界状态的手法被缩减为仅用人类特征来代替自然特征，而画面主角施泰勒-塔斯夫人的形象是确凿无疑的。另外，达利也受到意大利文艺复兴画家皮耶罗·德拉·弗兰切斯卡的影响，将这幅画与皮耶罗为乌尔比诺公爵费代里戈·达·蒙泰费尔特罗（Federigo da Montefeltro）及其夫人创作的双联肖像（图 34）进行比较就能看出这一点。4 年后，达利在《第一幅利加特港圣母像习作》（彩色图版 39）中以更为气势恢宏的意象向皮耶罗表达了敬意。

38

圣安东尼的诱惑
The Temptation of St Anthony

1946 年；布面油彩；89.7cm × 119.5cm；比利时皇家美术馆，布鲁塞尔

　　达利认为，在《醒前一秒由蜜蜂飞绕石榴而引发的梦》（彩色图版 36）中腿脚如同高跷的大象显然是一个成功的创新，因为这个形象又以多种形态再次出现在这件不久之后创作的作品中。高高在上的动物象征着天堂与尘世的交融，而它们驮载的方尖碑和其他物品都带有明目张胆的性暗示——鉴于圣安东尼面临的诱惑之本质，这种安排还是非常恰当的。在通常情况下，艺术家们会借由这个主题来表达他们最疯狂的幻想，但达利的这幅画却以非凡的形象超越了之前其他作品对这个圣人的刻画。虽然驮着锥形方尖碑的大象是借鉴了意大利巴洛克雕塑家吉安·洛伦佐·贝尼尼（Gian Lorenzo Bernini，1598－1680年）的作品，但是诸如载着"欲望之杯"的动物等其他图形则是更加"达利化"的独特创造。在背景中，达利还安排了一个对他本人具有深刻个人意义的意象——马德里郊外的埃斯科里亚尔王宫（Palace of the Escorial）。对达利来说，这个建筑象征着精神秩序和世俗秩序的交融。

　　达利创作《圣安东尼的诱惑》的初衷是为了赢得洛·莱温（Loew Lewin）工作室举办的一场绘画比赛，胜出的作品将会出现在由莫泊桑的小说《漂亮朋友》（Bel-Ami）改编的电影中。事实上，获胜的是德国画家恩斯特。尽管这件作品从来没有在评论界获得多少肯定，但是它那奇幻的画面却大受博物馆策展人的追捧，最终布鲁塞尔的比利时皇家美术馆买下了它。

39　第一幅利加特港圣母像习作

The First Study for the Madonna of Port Lligat

1949 年；布面油彩；48.9cm×37.5cm ；马凯特大学帕特里克和比阿特丽斯·哈格蒂艺术博物馆，威斯康星州密尔沃基

　　1949 年，达利获准觐见教皇庇护十二世（Pope Pius XII），这意味着他对天主教会新近萌发的热忱获得了特殊的认可。他向教皇展示的这幅奇异作品一共有两个版本，另一件被个人藏家收藏。显而易见，这幅画是基于皮耶罗·德拉·弗兰切斯卡的《圣母子与天使及六圣徒》（*Madonna and Child with Angels and Six Saints*，米兰布雷拉画廊）创作的。不过，与其文艺复兴式的原型不同的是，它穿透并切割了画中的人物和建筑结构。达利将这种"去物质化"解读为"神圣万有引力物理学在当今原子时代中的对应概念"，这很难说是正统的宗教立场。达利通过将妻子加拉作为圣母玛利亚的原型强化了这幅画高度个性化的基本特征。圣母头顶上方飘浮的贝壳下面悬挂着一颗蛋，这个意象也出现在皮耶罗的画作中，不过贝壳和蛋的关系是颠倒的。画面中其他来自海洋的物件则反映出达利为这幅画选择的背景——其位于利加特港的家。对达利来说，将自己的私生活虚构为神话与他重拾天主教信仰并不矛盾。

40

圣十字若望的基督
Christ of St John of the Cross

1951 年；布面油彩；205cm × 116cm；圣芒戈宗教生活与艺术博物馆，格拉斯哥

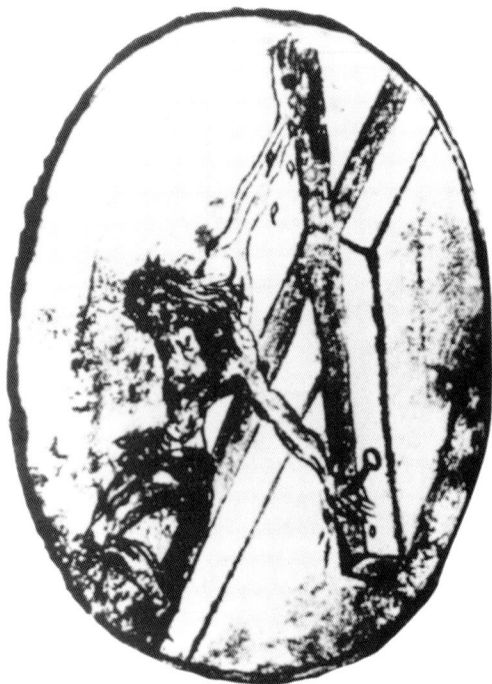

图 35

圣十字若望：基督受难图

约 16 世纪；
素描；
尺寸未知；
圣特蕾莎修道院，阿维拉

这幅油画是达利最令人惊叹的宗教主题作品之一，他力图表现出"上帝基督形而上学的美感"。达利曾描述，他是如何用文艺复兴时期的几何学家卢卡·帕乔利（Luca Pacioli）开发的"黄金比例"法则塑造出基督身体的三角形态。另外，达利还受到了一个梦的影响，在梦里他看到一个三角形内包含着一个球体的图像——他相信这就是原子核的幻象。他后来决定在画基督像时运用这个构图。然而，这幅作品最重要的灵感来源是圣十字若望[1]描绘基督的受难素描图（图 35）。达利声称，在看过表现该主题的这个版本后，他做了一个位于利加特港的梦。在梦中，他看到基督被悬挂在与素描画中相同的位置，而且冥冥之中有个声音要他亲自把这个场景画下来。于是，达利运用他所有的精湛技艺，以一个好莱坞特技演员作为模特，将梦中景象还原出来。除了画中非凡的前缩透视法和戏剧化的明暗对比法，这幅画与相对保守的基督受难图之间的显著区别还在于，它省略了荆棘冠以及十字架上基督的其他惯例特征。关于这一点，达利再次将这个点子归功于一个梦，这个梦启发他删去该主题附带的次要细节，以求实现他的目标——"将耶稣描绘出他作为上帝本应具有的美感"。虽然《圣十字若望的基督》可能并不会登上"最美基督受难记"的榜单，但其恢宏的尺寸和大胆的构图让这幅画持续散发迷人的光彩。

---

1 Saint John of the Cross，西班牙语 San Juan de la Cruz，本名 Juan de Yepes y Álvarez，16 世纪西班牙宗教改革的主要人物，加尔默罗会的白衣修士、神秘主义者和诗人。——编者注

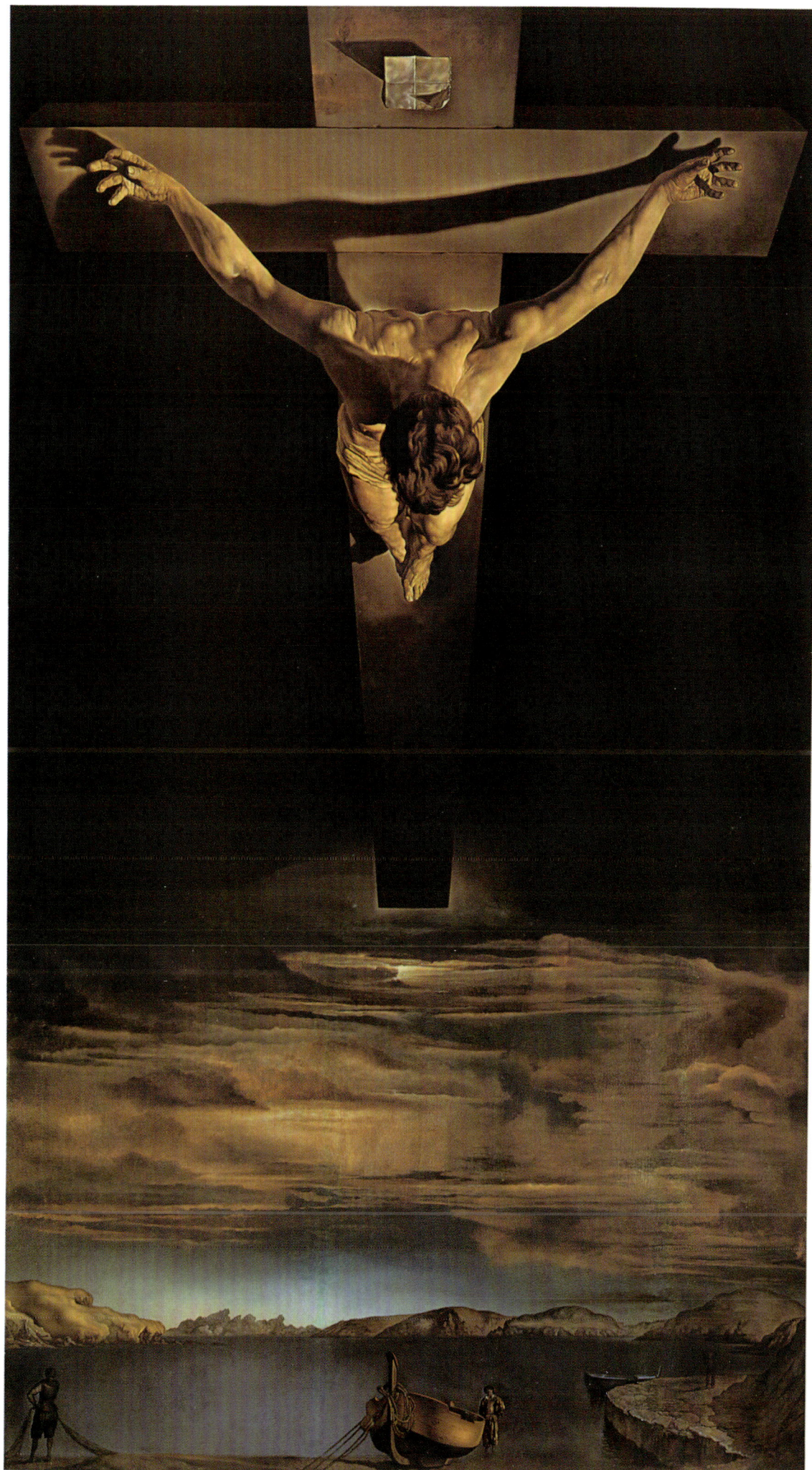

41

记忆的永恒之解体
The Disintegration of the Persistence of Memory

1952—1954 年；布面油彩；10cm×13cm；私人藏集，出借给佛罗里达州圣彼得斯堡的萨尔瓦多·达利博物馆

　　《记忆的永恒》中的软表这一意象在达利后来的许多作品中多次出现，这幅画便是其中之一。在对较早完成的《记忆的永恒》的准科学解读中，达利将它与相对论关联在一起，而这一点在后来的这幅作品中得到了深化。就像《第一幅利加特港圣母像习作》（彩色图版 39）中被肢解的人物一样，这幅画中破碎的表和断裂的橄榄树暗喻了达利对核物理学的理解，而他自己对作品的描述也影射了遗传学。正如他所写的那样，"在完全静止了 20 年之后，软表充满活力地发生解体，而鱼眼中色彩斑斓的染色体则为我的产前返祖现象提供了遗传途径"。

　　鱼的存在，还强调了达利将《记忆的永恒》（彩色图版 19）中的意象重新定位到一个陌生的海底环境中。此外，正如《月光下的静物》（彩色图版 8）一样，鱼的形态在画面其他地方也有所体现。比如在画面右边，低垂的达利面孔会让人联想到鱼的特征，尤其是覆盖在鳃上的鳍和横跨鱼身的彩色条纹。画面中达利的自画像呈现出一种独特的海洋特质，而海面则被幻化成了某种皮肤，像那块软表一样被悬挂在一棵树上。对于自己特定的迷恋情结，达利再一次展现出他追求绝对极限的决心，而这幅画就反映出他对柔软性和悬垂感的迷恋。

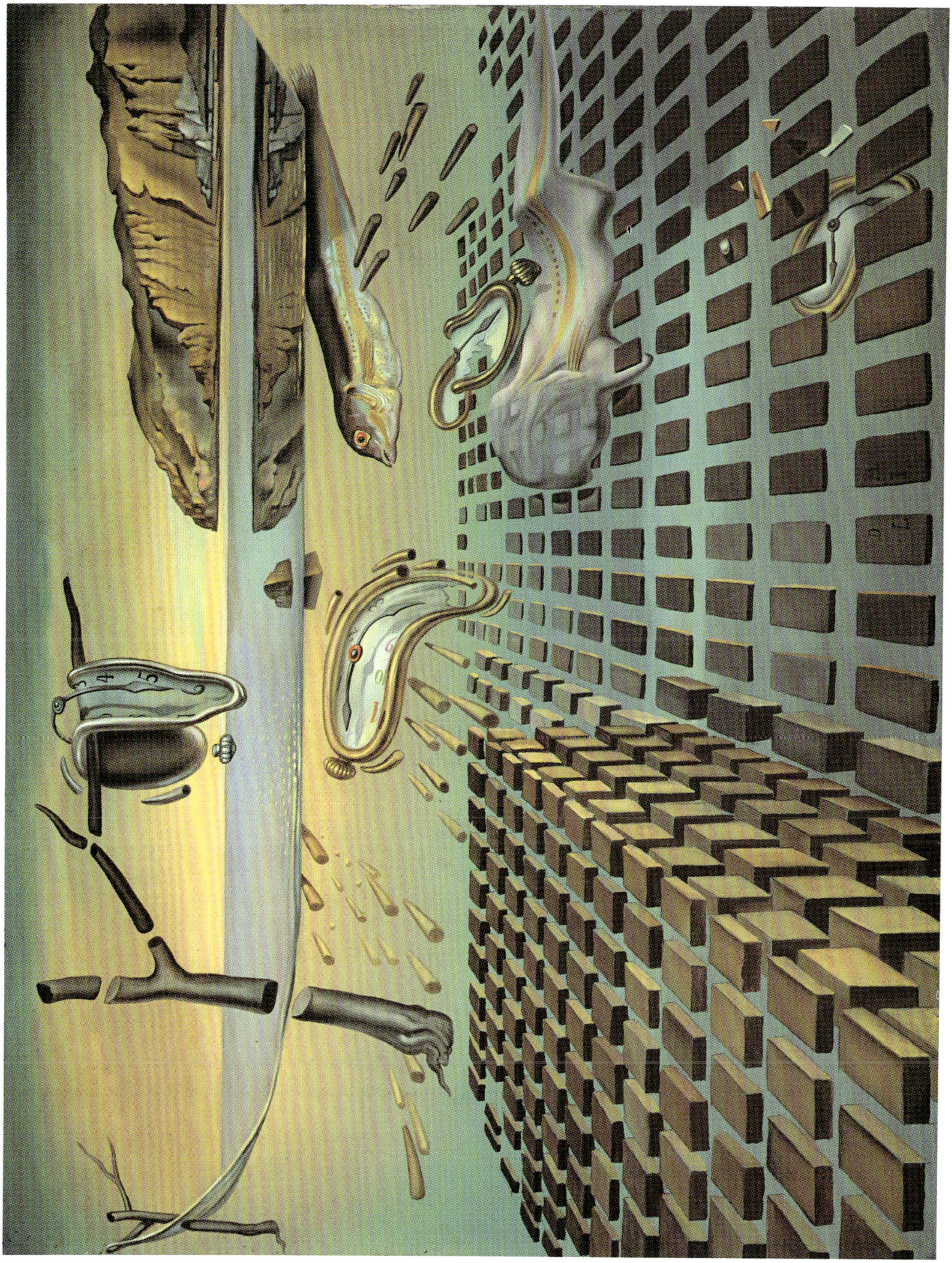

42

耶稣受难

Crucifixion or Corpus Hypercubicus

1954 年；布面油彩；194.5cm×124cm；大都会艺术博物馆，纽约

　　这幅《耶稣受难》雄伟壮观而风格另类，其主要灵感来源是达利的西班牙艺术遗风。与《圣十字若望的基督》（彩色图版 40）一样，这幅画在风格上得益于西班牙画家弗朗西斯科·德·苏巴朗（Francisco de Zurbarán，1598—1664 年），但它最不寻常的特征是构成十字架的立方体。这个创意源自达利读过的 16 世纪专著《立方体形式的论述》（*Discourse on Cubical Form*），其作者是建筑师胡安·德·埃雷拉（Juan de Herrera）。在达利的眼中，埃雷拉有着非常重要的地位，因为他设计了马德里郊外的埃斯科里亚尔王宫，这个建筑在《圣安东尼的诱惑》（彩色图版 38）中已经出现过。达利对于埃雷拉理论的信奉出人意料地得到了一群核物理学家的支持。在这幅画尚未完成之时，他们就已在达利的工作室里抢先见识了其面貌。对于他们来说，这个意象暗示了它与太空照片中结晶盐的立方体形态惊人的相似。幸运的是，这些核物理学家并不是这幅作品仅有的一群崇拜者。尽管大多数评论家都反感达利的宗教油画，但这幅画于 1955 年在纽约的卡斯泰尔斯画廊（Carstairs Gallery）展出后，著名收藏家切斯特·戴尔（Chester Dale）为这件作品而心折，并将它买下来赠予了大都会艺术博物馆。

43

最后晚餐的圣礼
The Sacrament of the Last Supper

1955 年；布面油彩；167cm×268cm；美国国家美术馆，华盛顿特区

切斯特·戴尔对达利的欣赏促使他委托达利创作出这幅伟大的作品。和《圣十字若望的基督》(彩色图版 40)一样，达利只保留了画面中最核心的部分，桌子上除了圣餐面包和葡萄酒，别无他物。达利对神圣之美的观念体现在形态透明如幽魂的基督身上，这也促使他宣称"圣餐场景必须是对称的"，他在这幅画中也严格遵循了这一原则。画面中的场景是一个十二面体的房间，透露出达利认为"数字'12'具有偏执狂般崇高感"的信条，而"12"也是耶稣使徒的人数，还是一年的月份数以及星座的个数。为了强调对主题的理想化处理，门徒们被故意隐去了所有个人特征。然而，为了超越这个主题的人性维度，达利让这幅画显得相当的平淡无味。例如，它缺乏达·芬奇在《最后的晚餐》(*The Last Supper*，米兰圣玛利亚修道院)中构建的戏剧性，后者描绘的是耶稣揭晓其中一个门徒即将背叛他的时刻。尽管如此，拥有一系列印象派及现代藏品的切斯特·戴尔仍然支持达利的这个委托项目，他将达利与同时代的著名艺术家毕加索相提并论，而非达·芬奇。他说："毕加索在我看来是一个非常了不起的画家，他的作品我收藏了多达 15 件，但他永远也画不出一幅能与达利的《最后晚餐的圣礼》旗鼓相当的作品，原因很简单——他没这个能力。"

44

静物——快速移动
Still Life–Fast Moving

1956 年；布面油彩；125.7cm×160cm；萨尔瓦多·达利博物馆，佛罗里达州圣彼得斯堡

达利于 1956 年创作的许多作品都反映出他对现代物理学日渐增长的兴趣。尽管诸如《反质子假设》（*Anti-protonic Assumption*，私人藏集）等的作品仍旧含有强烈的宗教成分，但是这幅《静物——快速移动》则是完全世俗化的，并且直接影射了该画的创作地——利加特港。虽然画面描绘的是常规静物画中的平凡元素，但是它们却以某种混乱的状态飘浮在半空中，这暗喻了量子力学的最新科学理论，这门学科研究的是亚原子粒子不可预测的运动。这幅画还毫不掩饰地表现出达利对于对数螺旋的痴迷。对数螺旋是一种在自然界中反复出现的形态，后来的研究证明这也是 DNA 的形状。画面中最引人入胜的螺旋出现在画面上方旋转的水果盘底部以及右边的花椰菜中。达利尤其着迷于犀牛角的结构，因而画面左边出现一只脱离躯体的、紧捏着犀牛角的手，也并不意外。

这个古怪的准科学意象是达利兴趣发生深刻转变后的产物。正如达利不久之后在他的《反物质宣言》（*Manifesto of Anti-matter*）中所说，当他身处超现实主义者的阶段时，他想要"创造出内心世界的图示法"，并以弗洛伊德为自己的精神教父，但后来在他心中"外部世界——物理世界——超越了心理世界"，所以他的"父亲"也变成了量子理论的先驱——海森贝格博士（Dr. Heisenberg）。不难看出，达利对于探索自己的心理困扰要比表现新兴科学理论成功得多。不过，达利自己也承认，关于这些理论他几乎没有任何真正的知识。的确，他将日常现实中的物体描绘成亚原子粒子状态的做法是略微荒谬的，从科学层面来说，这也是不准确的。然而，达利在科学理论方面的欠缺并不是这些画的主要弱点，更重要的是这些画极其缺乏人情味，完全无法与达利描绘自己欲望和恐惧的鲜活意象相比。

45

身披荣光的委拉斯开兹描绘玛格丽特公主的浮光掠影

Velázquez Painting the Infanta Margarita with the Lights and Shadows of his own Glory

1958 年；布面油彩；153cm × 92cm；私人藏集，出借给佛罗里达州圣彼得斯堡的萨尔瓦多·达利博物馆

图 36
迭戈·委拉斯开兹：公主

1660 年；
布面油彩；
127.5cm×107.5cm；
普拉多国家博物馆, 马德里

当达利还是少年时，他便对委拉斯开兹敬仰有加。15 岁时，达利创办过一本名为《学习》（Studium）的杂志，他在其中发表了一篇关于委拉斯开兹的文章，作为系列文章《绘画大师》（"The Great Masters of Painting"）中的一篇。甚至在他的超现实主义时期，达利也把委拉斯开兹和维米尔的现实主义作为他"将具体的非理性意象物质化"的手段。在委拉斯开兹逝世 300 周年纪念日临近之时，达利决定以 1660 年的《公主》（图 36）为原型创作这幅画。不过，在以特有的折中主义再现委拉斯开兹作品中的意象时，他所采用的风格却源于美国的抽象表现主义。在美国获得巨大成功的达利，尤其认同出生于荷兰、定居纽约的抽象表现主义艺术家威廉·德·库宁（Willem de Kooning，1904—1997 年）。用达利的话来说，德·库宁是一个"一只脚在纽约、另一只脚在阿姆斯特丹跨坐在大西洋之上的巨人"。虽然达利作品中充满活力的笔触无疑展示出德·库宁对他的影响，但也同时反映出达利当时对科学的兴趣。例如，画中公主的左手是受摄影胶片上原子粒子运动轨迹的启发，而她的头部则并不意外地由犀牛角构成。尽管有这些对现代科学及艺术发现的影射，但画面左上角则详细描绘了普拉多博物馆中的一个展厅，这似乎是在强调古代大师们，特别是西班牙先辈们带给达利的恩惠。

哥伦布发现美洲大陆
The Discovery of America by Christopher Columbus

1958—1959年；布面油彩；410cm×310cm；萨尔瓦多·达利博物馆，佛罗里达州圣彼得斯堡

图37
大雅各

1957年；
布面油彩；
400cm×300cm；
比弗布鲁克美术馆，新不伦瑞克省弗雷德里克顿

达利对西班牙历史的兴趣，尤其是对该国虔诚宗教传统的迷恋，都反映在这幅作品和《大雅各》（图37）中，后者描绘的是孔波斯特拉城（Compostela）的非凡圣像——圣雅各（Saint James）[1]。虽然《哥伦布发现美洲大陆》旨在延续历史题材绘画的传统，但无疑对于达利来说，它也必定具有个人的重要意义。从个人角度来说，达利是认同哥伦布的，以至于他不仅信口雌黄地称这位探险家是加泰罗尼亚人，而且更重要的是，哥伦布发现美洲大陆的壮举与达利在这片土地上所获的成功有异曲同工之妙。在达利看来，哥伦布的成就可以直接拿来与最新科学突破相提并论，而他对后者有着强烈的兴趣。值得注意的是，画面前景中的巨型海胆呈现的是椭圆形而非圆形，还有一颗围绕它运行的卫星。不久之后，达利便宣称自己具有预言能力，因为一颗卫星揭示出地球实际上并不完全是一个球体。

达利对哥伦布的强烈认同感，为他在画面中填充个人化指涉内容的惯常嗜好赋予了更重要的意义。关于这一点，最吸引眼球的是，哥伦布手中"圣灵感孕"旗帜上达利妻子加拉的形象。相对隐晦的则是画面背景中富有暗示性的景观——很可能是克里奥斯角。在画中还能找到来自达利家乡的赞助人圣纳西苏斯（St Narcisus）的身影，他化身为主教迎接哥伦布来到新大陆。画中的宗教意象还包括对达利自己的作品《圣十字若望的基督》（彩色图版40）的指涉，他通过照相制版法复制了其中的线条，并将其放大很多倍，以至于这些线条与西班牙士兵的戟融合在一起。达利后期许多典型的作品都是这样，他即便是刻意要让这些画趋于保守，但还是在其中融汇了技术试验与对最前沿科学发展的影射。

---

1 Saint James the Great，亦称大雅各，西班牙语称为 Santiago el Grande，是第一位为主殉道的圣徒。9世纪加利西亚人发现了他的墓，随即在圣墓上兴建教堂，后来此地逐渐扩张形成了圣城孔波斯特拉。在对大雅各的造像和绘画中，他常常被塑造成身着使徒服装、手持《圣经》和 T 字形使徒行杖的圣徒，或者是骑着一匹跃起的白马、持剑劈砍马下敌人的"屠摩尔人者"的骑士形象。——编者注

47　捕捞金枪鱼（致敬梅索尼埃）

Tuna Fishing (Homage to Meissonier)

1966—1967 年；布面油彩；300cm×400cm；私人藏集

　　1967 年 11 月，达利在巴黎梅里斯酒店（Hotel Meurice）举办了一场展览，其中就有这件不朽的作品。这是一件耗费他两个夏天才最终完成的画作。达利声称，这个主题最初是由自己父亲提出来的。父亲曾给他讲过一个关于捕捞金枪鱼的史诗级故事，并且父亲书房里还有一幅相关的版画。达利赋予了捕捞金枪鱼这个行动一种形而上学的意义。这不仅源自他阅读的法国现代作家皮埃尔·泰亚尔·德·夏尔丹（Pierre Teilhard de Chardin）的作品，而且还参考了现代物理学的研究成果。达利宣称，这些信息让他认识到宇宙是有限的，以及"所有的基本粒子都具有神奇且超越美学层面的能量，而这仅仅是因为宇宙的边界和收缩运动"。达利决定将这种非凡能量集中表现在捕杀金枪鱼的血腥奇观中，这也让他能够生动地传达自己的另一则信条，即"每一次分娩之前都会有血不可思议地喷溅出来"。

　　达利对于这幅画颇有雄心壮志，以至于为了配合这幅画的首次面世，他特地组织了一场展览。该场展览致力于展出诸如梅索尼埃等 19 世纪学院派艺术家的作品。达利曾写道，他们"吸收了我们这个时代本身的历史，包括其复杂性、密集性、必然性及悲剧性"。的确，不论是就尺寸还是风格特征来讲，这幅画都表明达利希望延续其前辈们的成就。并且，达利还将传统的技法——譬如使用真人模特——与更现代的方法相结合。例如，画面左边的古典人像是由一张贴在画布上的照片印制而成的，而前景中穿汗衫的男子则是取自一则广告，这一处指涉显然反映了当代波普艺术的影响。凭借其非凡的折中主义和宏大的尺寸，这幅画也许的确配得上达利自己对它的评价——"我所有油画中最宏伟壮丽的作品"。

迷幻斗牛士

Hallucinogenic Toreador

1969—1970 年；布面油彩；400cm×300cm；私人藏集，目前出借给佛罗里达州圣彼得斯堡的萨尔瓦多·达利博物馆

在这幅画中，达利不仅重拾了偏执狂临界状态的技巧，而且还明确地影射了他几十年前的旧作。《性感的幽灵》（彩色图版 23）中穿水手服的小男孩又出现在画面的右下角，他是童年的达利。乌东塑造的伏尔泰半身像（彩色图版 35）作为另一个熟悉的形象，则飘浮在著名的古典雕塑《米洛的维纳斯》（藏于巴黎卢浮宫）身上的垂褶布前。《米洛的维纳斯》在几年前就已经出现在最有名的超现实主义物品之一《带抽屉的米洛的维纳斯》（Venus de Milo with Drawers，私人藏集）当中，尽管这个作品是由达利设计的，但它实际上是由他的超现实主义同僚杜尚完成的。在《迷幻斗牛士》中，维纳斯以一连串渐远的形象多次出现，她们共同构成了斗牛士头部的形象，一滴眼泪从斗牛士的右眼滑落。催生这件作品的偏执狂临界状态现象实际上是由一捆"米洛的维纳斯"牌的铅笔所激发出的——达利从中看到了斗牛士的头像。很久之前，达利就曾有过在一套茶具上看到多幅米勒的《晚钟》的体验。《晚钟》和《米洛的维纳斯》这两件艺术品后来都成为颇受青睐的神圣图象，这表明这两种意象都具有强大的潜在意义，而用它们来解读偏执狂临界状态的时机已经成熟。虽然《迷幻斗牛士》会让人回想起达利艺术生涯早期的某些主题，但它也反映出达利新近的一些实验。例如，当代欧普艺术（Op art）创造的视觉效果就启发了画面左侧公牛头部上方的彩色圆点图案。达利别出心裁地让这些点逐渐变形成若干排苍蝇，以此来强调：即便是最抽象的图形，也要从属于其作品中压倒性的具象元素。

"彩色艺术经典图书馆"系列介绍

这是一套系统、专业地解读艺术，将全人类的艺术精华呈现在读者面前的丛书。

整套丛书共有 46 册，精选在艺术史中占据重要地位的 38 位艺术家及 8 大风格流派辑录而成，撰文者均为相关领域专家巨擘。在西方国家，该丛书被奉为"艺术教科书"，畅销 40 多年，为无数的艺术从业者和艺术爱好者整体而透彻地了解艺术发展、领悟艺术真谛提供了绝佳的途径。

丛书中每一册都有鞭辟入里的专业鉴赏文字，搭配大尺寸惊艳彩图，帮助读者深入探寻这些为了艺术而生的艺术大师们，或波澜壮阔，或戏剧传奇，或跌宕起伏，或困窘落寞的生命记忆，展现他们在缤纷各异的艺术生涯里的狂想、困惑、顿悟以及突破，重构一个超乎想象而又变化莫测的艺术世界。

无论是略读还是钻研艺术，本套丛书皆是你不可错过的选择，值得每个人拥有！

以下是"彩色艺术经典图书馆"丛书分册：

（按书名汉字笔画排列）